图1 二里头绿松石龙形器
图2 阳原于家沟蚌饰品
图3 大墩子獐牙钩形器柄部刻画
图4 新郑郑国祭祀遗址九鼎出土现场

图 5　商代晚期铜觯
图 6　商代晚期铜觯外底蟠龙图
图 7　三星堆人首鸟身铜像
图 8　商代晚期牛方鼎
图 9　商代晚期鹿方鼎
图 10　商代后期铜方罍肩部纹饰

四面四角各一个饕餮纹，合一年四时八节数位关系

饕餮纹下，两侧乳钉纹不到底为10×3×2个，合一个月30天及60甲子数。四面则240个，为10年的节气数

左右侧除外，凹底部分乳钉纹16×4个，合64卦数

底部四角乳钉纹3×4个，合一年十二月二十四节气数

饕餮纹上方乳钉纹6×2个，合一年十二个月。加对面12个，合二十四节气数

饕餮纹上下两侧乳钉纹，单面是48×2个，四面合计384个，与64卦384爻相合

凹底部分乳钉纹4排，每排25个，合计100个，为河图洛书100数

青铜鼎四面四角各一个饕餮纹，合一年四时八节数位关系

竖排乳钉纹8×3个，合一年二十四节气数

左右侧除外，凹底部分乳钉纹12×3个，合十月太阳历一月三十六天

饕餮纹下圆圈纹一排33个，加中央雷纹两侧各6个、底下一排19个，计圆圈纹64个，合六十四卦数

雷纹两侧各6个圆圈纹，合一年十二个月

雷纹下圆圈纹一排19个，合十九年七闰历数

图11　大洋洲虎耳铜方鼎纹饰规律分析
图12　商代后期羊父丁方鼎纹饰规律分析

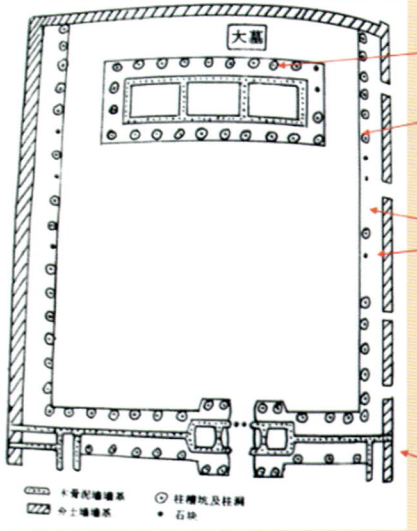

大殿柱洞位10×2+4×2=28，四角不重复则24个；不计石块位，则南北19个，东西3个

廊庑柱洞位东西对称各是18个共36个，减去空白柱洞位和石块位，东侧13个、西侧15个，实际柱洞28个

东侧两处空白柱洞位、三处石块位而西侧三处石块位，石块位寓意参、商二宿

廊庑东西南三方内侧柱洞位总数49（36+13）、外侧（即南侧外）12个

二号基址石块位总数10，加两处空白柱洞位为12

廊庑南侧柱洞位内15、外12共27个，加大门东、西两塾之间的两处石块位为29个

图13　三星堆纵目青铜人像
图14　妇好墓出土鸮尊
图15　妇好墓出土鸮尊腿部旋纹
图16　二里头遗址2号宫殿基址分析图

饕餮纹上方乳钉纹16×2个，加对面32个，合六十四卦数

鼎的四面四角各一个饕餮纹，合一年四时八节数位关系

饕餮纹下，斗形两侧乳钉纹均是7×4个，合二十八宿数

斗形底部乳钉纹13×5个，加对面65个，合计130个，为月相周期数

底部四角乳钉纹均是4×5个，为十月太阳历阴阳两年历数

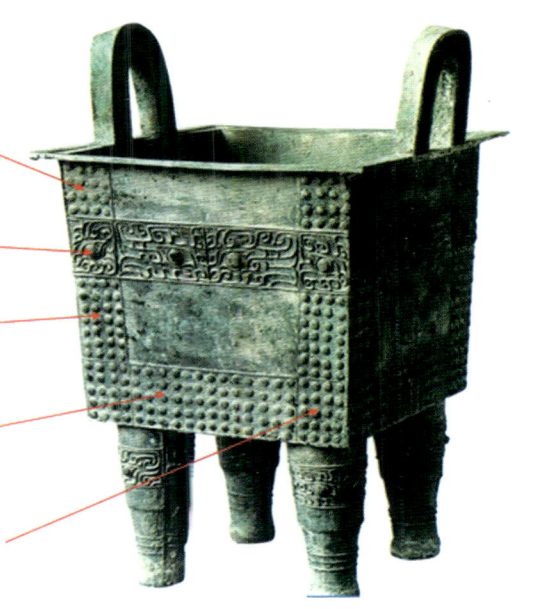

饕餮纹上方乳钉纹12×2个，合一年十二月二十四节气数

鼎的四面四角各一个饕餮纹，合一年四时八节数位关系

饕餮纹下，斗形两侧乳钉纹均是7×4个，合二十八宿数

底部乳钉纹26×5个，4面合计520个，合月相周期数

斗形底部乳钉纹18×5个，四面合计360个，为一年的天数

饕餮纹下左右侧乳钉纹4×12×2个，四面计384个，合六十四卦三百八十四爻数

底部四角乳钉纹均是4×5个，为十月太阳历阴阳两年历数

图17　张寨南街杜岭一号铜鼎纹饰规律分析
图18　张寨南街杜岭二号铜鼎纹饰规律分析

上下两周小乳钉纹72个，加基间竖排小乳钉纹9×8个，计144个

上周小乳钉纹共36个

大乳钉纹计36个（3×3×4）

竖排小乳钉纹36×2个

两排大乳钉纹间小乳钉纹6×2个

下周小乳钉纹共36个

19	22
20	23
21	24

图19 天马曲村铜钟纹饰规律分析
图20 郑国祭祀遗址出土编钟
图21 燕国饕餮纹半瓦当
图22 战国错金银鼎
图23 战国连弧纹铜镜
图24 琉璃釉蟠蛇球形器

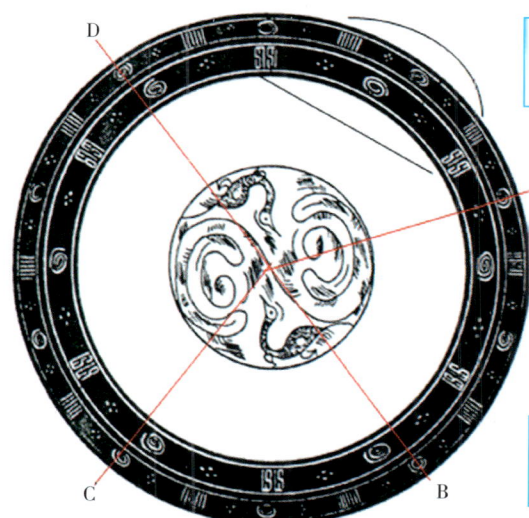

外圈：右下方4组线纹7×4＝28，左上方6组线纹6×6＝36，合计10组线纹64条

右上黑色弧线所示为纹饰单元。表达太极两仪四象八卦，符号寓意由此可知

内圈黑色直线单元同义，所有符号意思明确

内外圈纹饰总数64个

八卦号内圈计数6×6＝36，加外圈八卦线纹64数，合计100合河图洛书数

外圈10组线纹表达十月历、二十八宿、六十四卦数理。余下内外圈所有纹饰计数144，合《系辞》"坤之策，百四十有四"，证明为道家易，《归藏》易传统

25	26	27
28		

图25　殷墟出土弦纹玉璧
图26　太阳神鸟金箔
图27　中国文化遗产标志
图28　双包山汉墓木胎漆盘口沿纹饰分析图

29	30
31	33
32	34

图 29　秦错金银乐府铜钟
图 30　淄博齐王墓金禽铜戈
图 31　西汉载人陶鸟
图 32　秦夔凤纹大瓦当
图 33　东汉双螭玉璧
图 34　金镶玉铺首（满城汉墓）

重庆市科委科技计划（科普类）资助项目

中国上古纹饰初读

王先胜 著

学苑出版社

图书在版编目（CIP）数据

中国上古纹饰初读／王先胜著. —北京：学苑出版社，2016.7（2022年12月重印）

ISBN 978-7-5077-5060-7

Ⅰ．①中… Ⅱ．①王… Ⅲ．①器物纹饰（考古）-研究-中国-上古 Ⅳ．①K879

中国版本图书馆 CIP 数据核字（2016）第 179256 号

责任编辑：	任彦霞　张　芳
封面设计：	孟　佳
出版发行：	学苑出版社
社　　址：	北京市丰台区南方庄 2 号院 1 号楼
邮政编码：	100079
网　　址：	www.book001.com
电子信箱：	xueyuanpress@163.com
销售电话：	010-67675512、67678944、67601101（邮购）
经　　销：	新华书店
印　　刷：	保定市彩虹艺雅印刷有限公司
开本尺寸：	710×1000　　1/16
印　　张：	17.5
字　　数：	200 千字
版　　次：	2016 年 8 月第 1 版（2022 年 12 月第 1 次修订）
印　　次：	2022 年 12 月第 2 次印刷
定　　价：	45.00 元

科学顾问：

刘庆柱（著名考古学家、中国社会科学院考古研究所原所长）

陈久金（著名科学史家、中国科学院自然科学史研究所原副所长）

赵永恒（著名天文学家、中国科学院国家天文台研究员）

中国古代纹饰是一个巨大的文化与知识宝库，也是中小学进行爱国主义教育、传统文化教育和探究性教学的重要资源。王先胜所著《中国远古纹饰初读》和《中国上古纹饰初读》为我们提供了入门的基本知识和他多年潜心研究的新见，我很乐意向广大的中小学老师和同学们推荐这两本科普读物。

——李镇西

（李镇西：著名教育专家、语文特级教师，现任成都武侯实验中学校长）

远古人类不懂文字，没有掌握书写工具，但表示科学认识的数，则仍然可以用其他形式表现出来，这就是刻画符号。中国出土了丰富的可供研究的史前天文文物和刻画符号，王先胜的工作，正为我们开拓这一新的研究方向打下了很好的基础。

王先胜对这些刻画符号做出了初步解读，并且阐发了它的价值和科学意义。我认为，作这种分类阐发是很有必要的，其前瞻性、引导性、敏感性都是无可替代的。尤其是从事科技史研究而对考古文献不太熟悉的学者，要感谢他所做的工作，为我们打开了从事史前科技史研究宝库的大门。

——陈久金

（陈久金：著名科学史家、中国科学院自然科学史研究所研究员、博士生导师）

目　录

序一：千古神州多神奇　返本开新读纹饰 …………………… 叶贵本（1）
序二：究天人之际，通古今之变 ……………………………… 任鹏杰（4）
作者前言 ………………………………………………………………（7）

第一章　渊源有自：上古纹饰的远古基因

不变的主题：中华龙图的亘古渊源及其奥祕 ……………………（10）
不变的主题：太极图和八卦遥远神秘的历程 ……………………（19）
不变的主题："并封"的怪异造型及其寓意 ………………………（30）
变与不变之间：陶器纹饰与远古时代的异同 ……………………（38）
变与不变之间：所谓云纹与雷纹的前世今生 ……………………（47）
变与不变之间：北斗、北极崇拜与龟甲龟纹 ……………………（55）

第二章　形神兼备：青铜时代的纹饰威武

三代礼制：爵、觚爵配与鼎簋配 …………………………………（64）
纹饰印象：从夏商周到春秋战国 …………………………………（71）
青铜时代谜团：龙虎凤、猪牛羊？ ………………………………（79）
青铜时代谜团：饕餮纹、兽面纹？ ………………………………（86）
青铜时代谜团：三星堆、大洋洲？ ………………………………（93）
青铜时代谜团：无所不在的勾角 …………………………………（99）

— 1 —

第三章　三代流芳：夏商周纹饰隐情秘义

古代纹饰秘密：数量关系就是通天大道 …………………………………（108）
饕餮纹的秘密：北斗星君才是最高天神 ……………………………………（117）
饕餮纹的秘密：立杆测影与眉间尺神话 ……………………………………（125）
太极图的秘密：太极本义及其表现形式 ……………………………………（132）
国之重器：青铜宝鼎隐藏着的文化密码 ……………………………………（140）
乐之极品：编钟与黄钟大吕、天籁之音 ……………………………………（147）

第四章　各展其能：春秋战国的纹饰秀场

各美其美：春秋战国青铜器纹饰的新变 ……………………………………（156）
多姿多彩：春秋战国玉器纹饰的新气象 ……………………………………（163）
夸张浪漫：楚文化漆器纹饰的魔幻世界 ……………………………………（170）
新旧交替：春秋战国陶器与瓦当纹饰 ………………………………………（177）
东南地区：越王勾践时代的纹饰探秘 ………………………………………（185）
西南地区：巴蜀文化与滇文化之纹饰 ………………………………………（193）

第五章　斜阳依旧：秦汉纹饰之风韵犹存

天机泄漏：绵阳出土木胎漆盘与秦汉漆器纹饰 ……………………………（202）
事死如生：汉代画像砖石呈现的汉代社会图景 ……………………………（211）
汉画像的神话主题：伏羲女娲、西王母、金乌 ……………………………（220）
强弩之末：秦汉青铜器、金属器与铜镜之纹饰 ……………………………（228）
别样繁荣：秦汉陶器尤其瓦当纹饰的异军突起 ……………………………（239）
造型繁复：秦汉玉器及纹饰的新动向与新追求 ……………………………（247）

本书主要参考文献 …………………………………………………………（255）
后记 …………………………………………………………………………（259）

序一： 千古神州多神奇　返本开新读纹饰

叶贵本[1]

以习近平总书记关于中华传统文化的系列论述和教育部《完善中华优秀传统文化教育指导纲要》为标志，中国的文化建设和国民教育进入了一个新时期。

在此新时期到来之际，王先胜关于中国古代纹饰的普及读物应运而生。它们带着上万年的中华文化基因与信息，以崭新的面孔，出现在我们面前！

中国古代纹饰，车载斗量，一万年来埋藏地下，不为人知；即使发掘出来，绝大多数人也知之甚少。中国上古和远古的刻画秘密、文化密码，笼罩着千年尘埃、神秘面纱，长期不为人知。王先胜这两本普及读物，带给我们远古刻画的神秘与奇异、上古文化的丰富与深邃，细细读来，只觉一路精彩，处处出人意料却又在情理之中。那些承载着远及万年中国古人的奇思妙想、鬼斧神工似的刻画和纹饰杰作，无不令人惊奇与击节赞叹！

这套普及读物，确如其前言所说，介绍的是"中华优秀传统文化"之根，是中华传统文化早期形态的精华部分。除了阅读上带来的不断惊喜和对古人心思与智慧的分享，我认为其价值和意义主要有三点：

其一，对中华民族悠久历史和文化的证明

中国是有着悠久历史和文化传统的国家，中华文明是世界上少有的数千年来一直没有中断、延续发展至今的文明。这个历史和文化传统，习惯的提法是五千年。王先胜这两种普及读物没有专门论证这个问题，但已提供丰富

---

[1] 叶贵本：重庆市中国传统文化研究会会长，原重庆市教委主任、重庆市政协教科文卫体委员会主任。

的考古学材料及相关认识，说明和证明中国延续不断的历史和文化传统应该在一万年左右。既然史前刻画图案、符号性质类似于文字，是一种相对稳定的文化和文明传播、传承符号系统，而且与青铜时代的纹饰、文化一脉相承，把它作为中华文化、中华文明的起源和开端，也是符合逻辑的。

其二，对先秦"诸子百家"思想文化的探源

阅读王著，可以发现，先秦思想文化的许多重要概念、命题、知识体系和文化成就，远在新石器时代已经产生或萌芽：

先秦思想文化大多建立于阴阳五行、古易学以及各种天道观、对天人关系的认识和理解之上，王先胜以丰富的考古纹饰材料和简明扼要的解读，为我们呈现了一个以中国古代天文历法、古易学等为核心的知识体系及其文化形态，从远古时代到夏商周-秦汉，一脉相承。

天道观是关于世界本原的根本观点，它是道家与《易经》的哲学基础，也为儒家所借用。被钱穆称为"中国文化对人类最大的贡献"之"天人合一"观也为儒、道、易三家所有。而对天道的认识（包括"天人合一"）和知识，无疑要上溯到远古时代。

儒家的礼来源于周礼，而礼的思想和发生不仅可以追溯到神秘威严又诡异的商周青铜器及其纹饰，更可以上溯到远古玉器的精雕细刻以及华彩纷呈、精美绚烂的彩陶纹饰。

其三，为中华优秀传统文化教育提供新的材料、资源和视野

教育部《指导纲要》要求"在中小学德育、语文、历史、艺术、体育等课程标准修订中，增加中华优秀传统文化内容比重。地理、数学、物理、化学、生物等课程，应结合教学环节渗透中华优秀传统文化相关内容"。

王著介绍的中国古代纹饰较为全面和系统，内容非常丰富，组织精当，纹饰释读也深入浅出，涉及中国古代历史文化的各个领域以及各基础学科的起源，如历史、神话与传说、文物与考古、数学与天文学、工艺与美术、宗教与礼仪、古代文化地理、古代动植物、陶器制作等等，上列各门学科都能各取所需。

当然，更丰富浩瀚的材料在大量的考古报告、简报和其他相关文献里，

王先胜的书为读者和老师们进一步查阅、了解和学习浩如烟海的古代文化知识及考古纹饰材料提供了方便和门径，是一个很好的起点。

新时代须有新视野，此之谓：

    炎黄历史五千年，中华文化一万年；

    千古神州多神奇，返本开新读纹饰。

序二： 究天人之际， 通古今之变

任鹏杰[①]

中国古代纹饰，远离今人视线，即令考古发掘使其重见天日，世人偶有所闻所见，但于其根底和魅力，或知之极少，或屡有误解。王先胜先生所著《中国远古纹饰初读》《中国上古纹饰初读》的问世，对改善此窘况或是一种强烈刺激，当为教育、文化、学术界之幸事。

我拜读王先生书稿，感觉宇宙人生真奇妙，不禁反复默赞王先生过人的真知灼见，以至料想认真读过两书者，无论谁都会对王先生报以真诚的谢意。

从科普意义上说，两书系统全面地提供了中国远古和上古纹饰的入门知识，内涵触及历史学、考古学、天文学、易学、文化学等诸多领域，这对广大读者尤其对中小学教师和中学生增知益智、丰富想象力、发展创造性思维，无疑是一种福音。它们不仅提供新的资源和方向，更可能带来探究意趣与创新思维的激发。

在学术意义上看，两书渗透了王先生多年潜心研究的创新见解，这些新见往往有颠覆性学术贡献，之前已引起历史学、考古学、天文学、易学、文化学等许多专业学术领域专家们的高度关注和极好评赞。两书基于科普性质而著，但读来总能感到一种深厚的学术支撑力使其内容显得不同凡响。它们开启了纹饰学专学的新路径，既有学术拓展之益，更有学术匡救之功，相关专业人士研读，亦必会获益匪浅。

[①] 任鹏杰：《中学历史教学参考》杂志主编、陕西师大出版总社基础教育研究院院长、中国教育学会历史教学专业委员会副理事长、教育部高中新课程历史学科远程培训核心专家。

序二： 究天人之际， 通古今之变

纹饰，无论古今，总与人的生活息息相关，意义不可小觑。特里锡德在《象征之旅：符号及其意义》中说，"科学的发展大大削弱了远古符号的想象含义，但具有象征意义的符号仍在不断更新，为人类的生活增添内涵……其力量是理性的语言永远无法比拟的"。在古代和史前，纹饰与符号的象征力量应有过之而无不及。

普列汉诺夫在《论艺术》中认为，原始民族用来做装饰品的东西"使用价值是先于审美价值的"。读王先生的书可知，先民刻画纹饰，恰是为生活中的表达和交流提供方便——一个漫长和富有创造性的文化生成之旅也由此开始。毋庸置疑，中国古代纹饰不仅有令人惊叹的审美效力，其实用功能更是第一性的，诸如表达天文、五行、八卦等不同种类和风格的纹饰，融科学和艺术为一体，个中蕴含的非凡智慧，实在撼人心魄。

本来，"文"与"纹"在古汉语中最初是相通的，《易》有"物相杂，故曰文"之说，许慎《说文》径释"文"本义为"错画"。无论"文"，抑或"纹"，均指一种刻画和纹饰（"文，华也"、"文，犹美也"等是后来才有的含义）。所谓"文明"，不独与文字相关，其与纹饰也是连筋带骨的关系。远古无文字，纹饰就是文明的载体和最高体现。

在系统文字产生之前，中国文化显然存在过一个图案与符号传承方式及知识系统，其历史比文字更加悠久，但这个传统到秦汉后发生了断裂而归于沉寂。王先生的工作，在某种程度上激活了这个久已归于沉寂的传承方式及知识系统，中华传统文化因此有望焕发更多新的生命力，这是极为可喜的。

《易》言："刚柔交错，天文也；文明以止，人文也。观乎天文，以察时变；观乎人文，以化成天下。"人们常引用，于其真义却未必了然。倘借纹饰这种中国传统文化史前之根一路探索下去，人们终究会认识到，中国传统文化强调"天地人"和谐一体，其实是在整体考量宇宙人生诸种关系的基础上，再来谈"人"应该怎样。

因于此，我们对太史公"究天人之际，通古今之变，成一家之言"或可拓展解读：探究人与大自然的利害关系，通晓古今变化之道，把握人类发展方向，经独立思考形成自己的认识、判断和选择，方能更好地服务自己的人生、社会以及世界。

这是我对广大读者尤其中小学教师和学生阅读这两本书应得感悟的美好期待。

2015 年 2 月 1 日于古城西安

作者前言

在长期研读和探索中国古代纹饰的过程中，我不止一次产生这样的遐想：什么时候在中小学的课堂上，学生和老师可以就一件彩陶或一件著名器物的纹饰进行分析与探讨，包括其谋篇布局、主题表达、单元与结构、艺术特征与表现手法、文化源流与价值等等？它不从属任何课程，它就是古代纹饰课——中国古代纹饰之大美、之浩如烟海及其文化价值所在，使它完全当得起这样专门的课程设置。

它不是语文但有语文的精髓与精义，它不是数学但有数学的基础和缘由，它不是历史但有历史的沉淀和密钥，它不是科学但有科学的精神与萌芽，它不是美术但有美术的外观与灵魂，它不是宗教但有宗教的魂魄和影子……古代纹饰就是这样一个什么都不是又什么都集于一身的"富矿"，而且是一座累积几千年的富矿，是被历史断裂和人类遗忘两千年以上的文化富矿！

2014年3月，国家教育部发布《完善中华优秀传统文化教育指导纲要》，要求"优秀传统文化教育系统融入课程和教材体系"，在大中小学各门课程以及中小学教师资格考试中增加中华优秀传统文化内容，或直接开设相关课程、增加其在升学考试中的比重。在这样的时代背景和教育文化背景下，《中国远古纹饰初读》、《中国上古纹饰初读》这套"中华优秀传统文化"之根源的普及读物，可谓"生逢其时"！

中华优秀传统文化在年代和范围上都不止于先秦诸子百家及一些传统观点和认识所指，中国历史也不止于夏商周。以诸子百家为代表的中国古代思想文化、先秦文化有更早的源头，其奠基和生长期在新石器时代，远古纹饰即其表征与载体；中国历史在夏商周之前还有传说中的"三皇五帝"，远古纹饰是"三皇五帝"时代文化成就的集中体现。在夏商周-秦汉时期，纹饰也是文字、器物之外传承当时文化、文明的一个重要载体。所以中国古代纹饰是对国民进行中华传统文化教育和爱国主义教育的上佳材料。

在没有文字的远古时代（新石器时代）以及系统文字运用的初期（夏商周-春秋战国），纹饰不仅是承载古代文化、文明的重要载体，与物质、器物层面的文化文明具有同等重要的地位和意义，其贯通中华文化从远古至秦汉的伟大功绩更是文字所不及。纹饰即文化文明的另一个侧面，是古代文化文明不可或缺的组成部分，也是与物质文化、文字文献并驾齐驱的古代文明"三驾马车"之一。可以认为，不读古代纹饰、读不懂古代纹饰，很难说就真正读懂了中国古代文化文明以及历史，很难说就完全读懂和理解了中国古代文化文明以及历史，"中华优秀传统文化"的确切与深入理解也会存在重要缺失。

事实上，考古学诞生 200 年来，全世界各地发掘出海量的古代人类文化遗存，其中的刻画图案、符号及一些特殊遗迹、器物的文化内涵或其本来的意思表达，迄今为止未得全面、科学、合理的认读与解读，古代人类精神文化、科学文化及相关神话传说、古代历史未得确切与透彻的研究。而纹饰释读和正确理解是所有这些研究的关键一环。故纹饰知识的普及和传播，也将为历史、考古、史前研究以及所有相关学科的基础研究培养和储备新生力量。

基于以上原因，尤其是中国古代（新石器时代-秦汉）纹饰承载了中国古代思想、传统文化的基础和精华，样式极其丰富、内涵极尽深邃，不乏巧夺天工、精妙绝伦之作，也存在多学科多角度解读的可能性。故期望本书能为中学生素质教育、传统文化教育以及研究性学习提供一些新的材料与思路；如何将浩如烟海、美轮美奂的古代纹饰转化为教育、教学资源，本书如能起到"抛砖引玉"的作用，我们也将深感荣幸！

第一章
渊源有自：
上古纹饰的远古基因

龙、八卦、太极图
并封、云纹、北斗崇拜
它们都是中国文化的根
中国精神　中国之根
谁能想到　这些神秘之物
都来自于对天空的仰望
又与天地万物血脉相连

是谁说的
一个民族有一些仰望星空的人
他们才有希望
一万年或者八千年，已经不重要
重要的是　古人一直在仰望星空
因为仰望星空
思想才能站上高度

不变的主题：
中华龙图的亘古渊源及其奥秘

龙被视为中华民族的象征与图腾，海内外华人被称为"龙的传人"，也有人将中华文化称为"龙的文化"。龙是中国古代文化最具标志性的符号和元素之一。

但是龙自古以来即是神秘之物，孔子用它来形容老子的深不可测，历代帝王视为皇家标志性图像。从远古至夏商周-秦汉，再到汉代以后至明清，龙图也不断发生变化。龙究竟是什么，其来源和真相如何？

从古代纹饰的角度看，龙有极其古老的渊源。龙纹图像在夏商周-秦汉时期较多，远古时代相对较少。不过即使在远古，龙图在中华大地上的分布也较为普遍。

探索和理解龙的来源及真相，必须考察远古至夏商周-秦汉时期的龙图。

中华龙图的早期类型

中华龙图的历史可分为三期：起源期（远古时期）、发展期（夏商周-秦汉）、定型期（秦汉以后）。前两期存在多种类型的龙图，秦汉以后龙图逐渐定型。中华龙图的早期指秦汉及以前的龙图。

1. 蛇形无足龙

常言道：龙蛇一体。古代龙的基本形态、常见形式就是蛇形。考古发现的龙图，大多数属于蛇形；其他不同形态和样式的龙图，大多数也以蛇形为基础。

目前发现，辽宁、内蒙古一带距今8000年左右的兴隆洼文化、查海文化

第一章 渊源有自：上古纹饰的远古基因

等出土有龙纹陶片或遗迹，龙身多为蛇形，有些还布满鳞片。内蒙古敖汉旗兴隆洼文化出土一件矮腹罐，饰猪首蛇体龙纹，遍体有鳞，呈星光点点之状，考古学家陆思贤称为我国最早的龙纹。

敖汉旗赵宝沟文化陶尊上的鸟首龙、猪首龙、鹿首龙，其龙身均为蜿蜒屈曲的蛇形，距今 6700 年左右（图 1.1）。仰韶文化庙底沟类型出土鸟龙纹彩陶钵，龙图为鸟首蛇身，距今 5500 年左右。

图 1.1 赵宝沟文化陶尊上鸟龙、猪龙、鹿龙图像

河南偃师二里头遗址出土夏代大型绿松石龙形器，龙身也是蛇形（是否有足不明显。图 1.2；彩图 1）。

图 1.2 二里头遗址出二大型绿松石龙形器

蛇形无足龙从距今 8000 年到夏商周时期，龙身基本一致，为蛇形、无足。

2. 兽形有足龙

古代龙图另一基本形式是以二十八宿①中东宫星象结构成的动物形苍龙。龙身也为长条形，但它有足包括前肢后肢，与蛇形龙有显著区别。最著名的是汉代四神瓦当中的青龙图像（图1.3）。

这种龙图在远古也存在，如河南濮阳西水坡出土三组仰韶文化蚌塑龙虎图，其龙图都有前后肢，与蛇形龙明显不一样。这种龙图是参考了现实和自然界中的动物形象，结合东宫七宿的分布而构造出来的。

图1.3　汉代青龙瓦当

西水坡出土龙图与虎图配对，专家认为它们是表现二十八宿中的东西二宫星象（东苍龙、西白虎），其年代距今6500年左右。西水坡45号墓的龙虎图位于死者身体两侧，死者可能被神化为天神（图1.4）；西水坡第三组龙虎图中，龙背上骑了一个人，令人想起中国古代"骑龙升天"神话（图1.5）。

此外，湖北黄梅县出土卵石堆塑龙（距今6000年左右），二里头文化陶片上的有爪龙纹，三门峡虢国墓地出土西周四象铜镜上龙虎图（图1.6），都是兽形有足龙。

兽形有足龙的历史从距今6500年到汉代，龙脉未断。

3. 蜷体的龙图

蜷体龙图也可称为蟠（盘）龙。又分两种情况：一种是龙身反复蟠绕，犹如螺旋形；一种是大体上蟠成一圈或不及一圈，犹如C形。

螺旋形蟠龙也可以说是蛇形的。这种龙图的历史也极其久远。

考古材料表明，距今8000年左右的辽宁查海文化已有蟠龙（图1.7）。山

---

① 二十八宿即分布于黄道和天球赤道附近的二十八个星座，它们是：东方七宿角、亢、氐、房、心、尾、箕，北方七宿斗、牛、女、虚、危、室、壁，西方七宿奎、娄、胃、昴、毕、觜、参，南方七宿井、鬼、柳、星、张、翼、轸。古人为方便记忆，将其形象化为动物图像，简称东宫苍龙、北宫玄武、西宫白虎、南宫朱雀，也称四神、四宫星象。

第一章 渊源有自：上古纹饰的远古基因

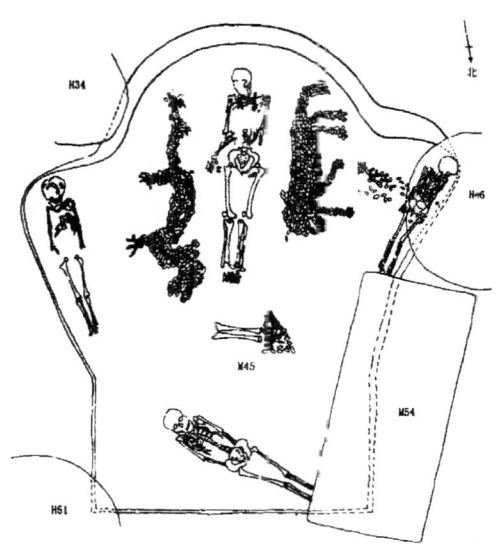

图 1.4　西水坡 M45 平面图

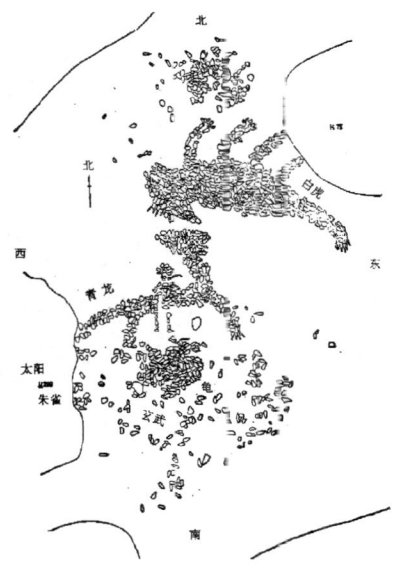

图 1.5　西水坡第三组蚌图

西陶寺出土距今4000多年前彩绘陶盘内的龙图也是螺旋形（图1.8），良渚文化陶器则有阴阳二龙互抱成螺旋形的龙图。

图1.6 西周四象铜镜

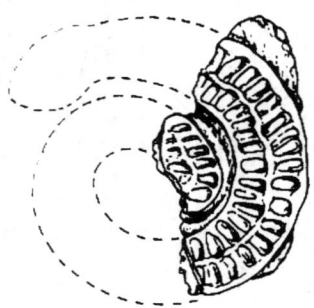

图1.7 查海堆塑石龙

属于夏代的二里头文化陶片上有蟠蜷成螺旋形的龙纹。商代青铜器蟠龙图常见，以安阳殷墟①出土铜盘内的蟠龙图最为著名（图1.9）。

图1.8 陶寺蟠龙图

图1.9 商代铜盘蟠龙图

---

① 殷墟，即商代中晚期的都城遗址，位于河南安阳市西北，以小屯村为中心。

C形蟠龙是非蛇形的,产生年代晚于螺旋形蟠龙。

内蒙古清水河出土两条头尾相对的巨型夯土堆塑鱼龙,长达数百米,是目前发现年代最早的C形蟠龙,属于仰韶文化庙底沟类型,距今6000年左右。

图 1.10　红山文化蜷体三龙(孙机)

图 1.11　妇好墓出土商代蜷体玉龙

远古时代出土C形蟠龙最多的是北方地区。辽宁西部、内蒙古中南部一带的红山文化出土不少蜷体玉龙,均为C形,距今5000年左右(图1.10)。在南方地区,安徽含山凌家滩和湖北肖家屋脊均出土有蜷体玉龙,距今5000~4000年间。

商周、春秋战国以及西汉都有一些蜷体玉龙,跟远古时代相比,差异甚微(图1.11)。

4. 以阴阳二龙为主题的龙图

以阴阳二龙为主题的龙图,即龙纹成双成对出现。远古时代这类龙图较少,夏商周-秦汉时期数量很大。

远古时代，良渚文化陶器上有一种互抱式双鸟龙图，双鸟龙多是螺旋形（图 1.12），也有 C 形的。

殷墟王陵出土商代木雕交龙类似于后来的伏羲女娲图（图 1.13），可能是后者的早期形象。

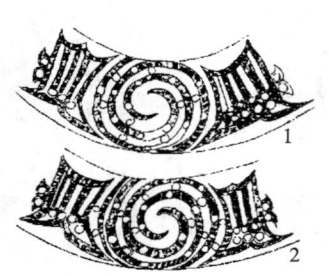 

图 1.12　良渚文化陶罐鸟龙纹　　　　图 1.13　商代木雕交龙

西周-春秋战国时期，双龙图形式丰富。到汉代，龙图仍然保持着龙分阴阳的传统。

中华龙图的起源与早期文化内涵

中华龙图原生型包括四种：蛇形无足龙、兽形有足龙、螺旋形蟠龙、C 形蟠龙。其他各种类型和形式的龙图大都在这四种的基础上演化而来。

根据远古至夏商周-秦汉时期这四种龙图研究，可得到一个初步认识："蛇形无足龙"可能有两个内涵：早期可能与太极图阴阳两仪相关，后来又可表示东宫苍龙星象。"兽形有足龙"象征东宫苍龙星象。"螺旋形蟠龙"和"C 形蟠龙"象征和寓意阴阳（均是太极图阴阳两仪的变形）。

在距今六七千年以前，龙图起源于太极图阴阳两仪的形象（如屈家岭文化陶纺轮那种图案，图 1.14），无足。距今 6500 年左右（以濮阳西水坡蚌塑龙为准），龙同时又成了二十八宿中东方七宿的象征物，同时也产生了前后肢。

这种认识还可以通过其他多种途径证明，例如：

有些龙图的造型反复表现阴阳关系，如河北燕下都遗址出土战国双龙玉器，为左右两龙共一个身子，同时又是太极图的反S形造型（图1.15）。

图1.14　屈家岭文化陶纺轮图

商末周初的一首双身龙纹多在弯曲的两个龙身间分布两组8个互相对称的圆纹，其数位关系合一年四时八节、"太极两仪四象八卦"数理。有些龙纹还在圆纹内继续设置圆点纹，整个圆点纹合一年二十四节气历数，两个龙身则为阴阳两年的节气数（图1.16）。

图1.15　燕下都出土双龙玉器

图1.16　商末周初青铜礼器一首双身龙纹

西周早期一首双身龙纹发展到在弯曲的龙身间设置12个圆纹，每个圆纹内置4个圆点，其纹饰设计仍然合一年十二个月二十四节气、阴阳两年四十

— 17 —

八个节气历数，甚至龙身上有火纹暗示心宿、大火星与东宫苍龙的关系（图1.17）。

图 1.17　西周早期青铜礼器一首双身龙纹

《说文解字》说："龙，鳞虫之长，能幽能明，能细能巨，能短能长；春分而登天，秋分而潜渊。"许慎这段话反复说明龙是一种阴阳之物，说明他清楚地知道所谓"龙"的真相——龙即阴阳的物化，龙即阴阳。

至于鸟龙、鹿龙、猪龙、熊龙、鱼龙、牛首龙、鳄鱼龙等等的产生，当与不同时空背景下的文化及其信仰或具体天文内容、观念的表达有关。

第一章 渊源有自：上古纹饰的远古基因

不变的主题：
太极图和八卦遥远神秘的历程

中国古代思想文化以儒、道两家影响最大。儒家经典以《易经》①为首，被视为"群经之王"、"大道之源"，道家经典则以《老子》（《道德经》）为代表。

《周易》的根本"八卦"、《老子》思想的根本"道"，都涉及一个共同的思想和观念"阴阳"；八卦由阴阳所生，阴阳又本于道。《易传》讲"易有太极，是生两仪，两仪生四象，四象生八卦……"，《老子》讲"道生一，一生二，二生三，三生万物……"，就是讲阴阳与八卦、道之间的关系，《易传》"两仪"即阴阳、《老子》"一生二"即太极生两仪、阴阳。这些思想和关系在古代可用一个图来概括和表示，此即太极图。

阴阳、太极八卦是中国古代哲学的根基，也是中国古代思想文化、传统文化最深沉的底蕴。太极图、八卦图因而成为中国古代思想文化最具标志性的符号之一。

长期以来，人们主要根据现存古代典籍、文献来研究和看待太极八卦、阴阳及与之相关的问题。从古代刻画图案、纹饰的角度来研究和看待它们，又有什么不同和相同的呢？

太极图千古迷案及其起源探索

1. 什么样的图是太极图？

有专家曾断言现在流行的阴阳两仪太极图（俗称阴阳鱼太极图）最早见

---

① 《易经》包括《周易》本经以及儒家的阐释和发挥性著作《易传》，有时人们也将《周易》与《易经》等同。《周易》本经为周文王和周公所作，是周代的易学，包括六十四卦及每卦的卦辞、爻辞。

于明初赵撝谦的文字学著作《六书本义》（图 1.18）。后来，又有学者发现南宋、北宋的易学书籍里也有阴阳鱼太极图。这说明仅仅根据古代传下来的文献做研究和判断，局限性很大。

所谓阴阳鱼太极图，不能理解为是两鱼纹构成。"阴阳鱼"只是一个形象的说法，实际是阴阳两仪，即表达"易有太极，是生两仪"的图案就是太极图。赵撝谦《六书本义》的图也可以说像两条龙或其他动物，其名称当时也不叫太极图，而称为"天地自然河图"。

图 1.18　赵撝谦天地自然河图

不少少数民族传统图案，都可说明太极图并非两条鱼弯曲而成的图案，而是类似阴阳鱼太极图那样的所有图形，在一定的文化背景和环境里，都是太极图。

例如，古彝文文献《玄通大书》载有多幅太极图，都是两条龙的形状，甚至直接以反 S 形龙纹置于一个圆形中，以表示太极、阴阳两仪（图 1.19）。

2. 阴阳两仪太极图的内涵是什么？

1999 年，本书作者破译了绵阳出土西汉木胎漆盘内底双耳反 S 形圆图（即道家为纪念老子而作的阴阳两仪太极图）和其口沿的复杂纹饰，证明太极内涵的表达、太极图的呈现方式是多种多样的：

两个耳形或凤鸟纹、旋涡纹等构成的 S 形（或反 S 形）圆图，均是太极图；由太极图阴阳两仪简化或变形得到的 S 纹、旋纹、涡纹等均可象征或表达太极图内涵[1]。

---

[1] 参见本书第五章之《天机泄漏：绵阳出土木胎漆盘与秦汉漆器纹饰》。

第一章 渊源有自：上古纹饰的远古基因

图1.19　彝族文献《玄通大书》太极图

阴阳两仪太极图的本意应是表达一年中阴阳、冷暖的此消彼长关系及其周期性循环往复，如著名科学史家陈久金所说，"太极"本是一年的通称，阴阳即冬、夏两个半年，四象八卦即四时八节，五行即十月太阳历①所划分的五季。

太极和太极图的哲学意义，是逐渐发展和丰富起来的。

3. 宋代以前古籍中为什么难见太极图？

现存宋代以前古籍中罕见太极图，主要应该与两个因素有关：

其一，汉代造纸术发明之前，春秋战国、秦汉文献主要是刻在竹简、木牍上，不太适合刻图，而太极图及相关符号多是系统的有规律性的刻绘或铸于青铜器、陶器、漆器、玉器上，这是自远古以来的传统。

其二，汉武帝"罢黜百家，独尊儒术"后，完整传承古易学的道家文化受到压制，道家易学、易图只能在道教且秘传，而儒家易学主要是从哲学和

---

① 十月太阳历是根据立杆测影观测太阳的运动规律而制订的历法，它将一年分为冬夏两个半年和五季十月（每季公母两月），每月三十六天，余五至六天为过年日。十月太阳历的结构即阴阳五行十月，近现代彝族等少数民族还在使用这种历法。

伦理的角度对《周易》作进一步的阐释、发挥，它并不以传承古易学为己任，故《易传》有关于太极图、先天八卦、后天八卦、河图洛书的文字却没有图。

儒家文化受到"独尊"，《周易》经、传没有易图却又成为易学正宗、经典，遂导致历代正统文人不知古有易图。直到宋代刘牧、邵雍、周敦颐等文化人，得到从道家、道教里传出的各种易图，才开始传世（历史上很多拘泥于儒经的正统文人仍然不承认上古易学原本有图）。

在器物图案里，如同汉代以前一样，汉代至宋代之间还是有太极图的。例如：

福建厦门下忠唐墓出土银碗底部錾刻图案（图 1.20-8）、内蒙古赤峰市喀喇沁旗出土唐代鎏金银盘图案，都是用两鱼纹构成的阴阳两仪太极图式。

4. 从远古到唐宋延绵不绝的太极图及其启示

这里选择远古-夏商周-秦汉-唐宋等不同时期部分典型的阴阳两仪太极图做一排序（图 1.20），以观其延绵不绝之势（括号内数字为距今大致年代）：

白家村出土圜底钵旋纹（8000 年）-河南汝州洪山庙彩陶男根纹（5500 年）-西山坪出土马家窑类型彩陶盆图案（5000 年）-屈家岭文化陶纺轮图案（4500 年）-西周仲南父壶盖顶纹饰（3000 年）-秦陵铜马车金节约图案（2200 年）-汉代漆盘老子太极图（2000 年）-厦门下忠唐墓银碗双鱼纹（1160 年）-宋代阴阳鱼太极图（1000 年）- 彝族文献《玄通大书》宇宙图。

这些太极图阴阳两仪有的是顺时针方向旋动（反 S 形）、有的是逆时针方向旋动（S 形）。已发现宋代文献中的太极图、汉代漆器双耳形太极图及远古屈家岭文化、石家河文化陶纺轮太极图也是如此。这些都说明太极图原本是逆时针旋动、顺时针旋动都可以的，因为其本义是表达阴阳消涨、循环往复的关系。

构成太极图阴阳两仪的物像涉及男根（洪山庙彩陶）、凤鸟（西周仲南父壶）、螭龙（秦陵铜马车金节约）、耳形（汉代漆盘）、双鱼（下忠唐墓银

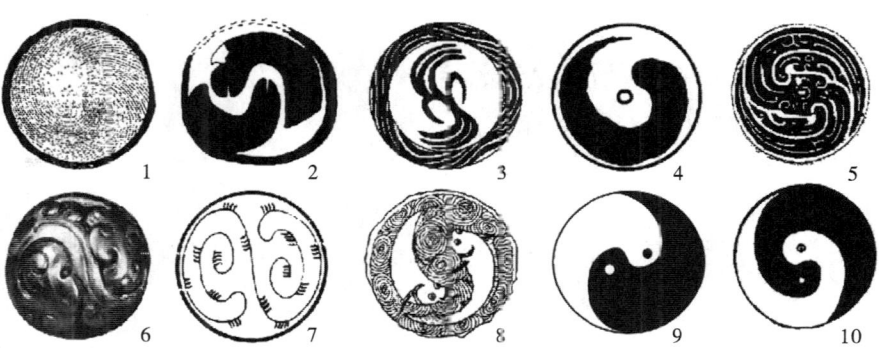

图1.20 中国古代太极图. 图例

（1. 白家村圜底钵；2. 洪山庙彩陶男根纹；3. 马家窑类型彩陶盆；4. 屈家岭文化陶纺轮图案；5. 西周仲南父壶盖顶纹饰；6. 秦陵铜马车金节约；7. 汉代漆盘老子太极图；8. 下忠唐墓银碗双鱼纹；9. 宋代阴阳鱼太极图；10. 彝族《玄通大书》太极图）

碗）、双龙（《玄通大书》太极图）等等，说明太极图与龙一样，在不同的时空和文化背景下，会有不同的呈现方式或突出各自的文化特点。

八卦的多种表达方式及其起源

八卦是《周易》和易学的根本

八卦与太极图一样充满了神秘、深奥，给人以无穷想象空间而且起源不清楚。

八卦是由代表阴阳的两种线段（即断线 -- 与连线 —，分别称为阴爻、阳爻）构成的，既指八个三爻卦（单卦），也指六十四个六爻卦（重卦）。八卦用符号表示即☰、☱、☲、☳、☴、☵、☶、☷，分别读为乾、兑、离、震、巽、坎、艮、坤，分别代表天、泽、火、雷、风、水、山、地八种自然现象和物质等等。易学认为，八卦是由太极演化而来，由八卦又生出万物或能够推演万物之间的关系和吉凶，能够成就一切"大业"。

由三爻八卦两两相重就得到六爻的六十四卦，六十四卦是构成《周易》的根基。

八卦又有先天八卦、后天八卦之分，传说先天八卦、六十四卦由伏羲发明，后天八卦和《周易》由文王、周公所推演，各有规律和含义，并有图示（图1.21-1.22）。

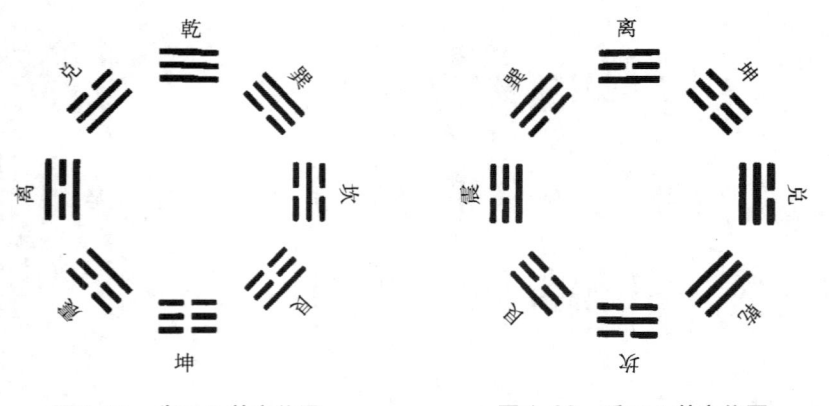

图1.21　先天八卦方位图　　　图1.22　后天八卦方位图

第一章 渊源有自：上古纹饰的远古基因

由于八卦是整个《周易》和易学的根本，因此研究《周易》和易学的起源最重要的是探讨八卦的起源，尤其是八卦符号的起源。这些问题迄今都没有解决。

1. 考古发掘出土的八卦材料

从纹饰的角度看，考古发掘出土八卦材料其实很多，包括远古时代。

主要有四类不同的八卦符号或八卦材料：数字卦、爻画卦、八角星纹与象数卦。

（1）数字卦

数字卦是利用八卦符号占筮而得到的结果，有三个数字和六个数字两种①，分别与三爻卦和六爻重卦相对应。数字卦大多数是商周至春秋战国时期的，有100余例。远古时代有三例：山西陶寺出土陶壶刻画（是否数字卦还存在争议）、河南淮阳平粮台古城遗址出土陶纺轮刻画、青海乐都柳湾出土陶器刻画。距今都只有4000余年。

陶寺遗址和平粮台出土的数字卦都是三爻的离卦（☲）"一六一"，只有青海柳湾的是两个六爻数字卦（考古报告将其编为单独纹样第470号），均是巽卦（☴）"一五六五五六"，而且在两数字卦的下端还夹了两个重叠的数字"六六"（图1.23）。

图1.23 马家窑文化数字卦

（2）爻画卦

爻画卦即用阴阳爻画（--、—）组成的八卦符号，是八卦符号的正宗。学术界一直认为远古时代没有，实际上并非如此。远古时代爻画卦常见的形式是被利用成为器物的装饰或装饰的组成部分，以装饰图案的外表掩藏了其八卦符号的真相。尤其马家窑文化彩陶常见用八卦符号作为装饰，如甘肃下海石出土半山类型或马厂类型双耳彩陶罐上部有六爻的复卦（☷）、颐卦（☶）等（图1.24-1.25）。

---

① 均用甲骨文数字释读。通常，用八卦占筮（预测）时先要起卦，并且要记下起卦过程中所得到的数字，以便根据数字确定阴阳爻和得到的是哪个八卦符号，然后根据各爻的数字（三爻单卦即三个数字，六爻重卦即6个数字）来计算和判断吉凶。

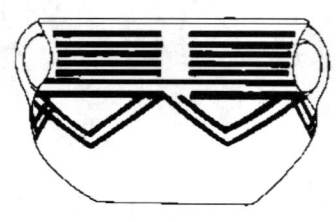
图 1.24 下海石双耳彩陶罐

图 1.25 下海石双耳彩陶罐

（3）八角星纹

远古时代八角星纹较多，目前发现年代最早的是湖南石门皂市下层文化和湖北松溪口出土的八角星纹，距今 7000 年前。八角星纹历商周、战国，到秦汉都常见。如秦始皇陵园出土陶俑彩绘图案、兵马俑铠甲都见八角星纹（图 1.26）。很多少数民族传统图案中也有八角星纹，包括彝族、苗族、土家族、羌族、白族、侗族、瑶族、傣族等等。

图 1.26 秦陵陶俑彩绘图案

八角星纹是八卦的图像表达式，如安徽含山凌家滩出土玉版（距今 5000 年），其中心刻制八角星纹，外围一周 8 个箭标指向八个方位，每个箭标均被中线一分为二然后用短线分割成 8 小块，与八卦相重产生六十四卦方式一致（图 1.27）。

第一章 渊源有自：上古纹饰的远古基因

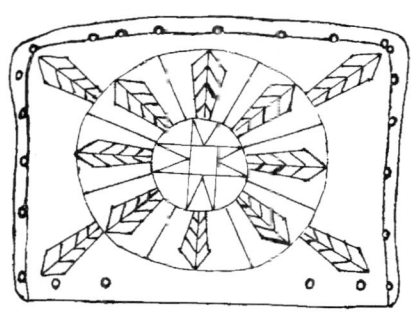

图 1.27　凌家滩出土玉版雕刻图案

（4）象数卦

象数卦即通过器物或纹饰的形象、数量关系设置来寓意八卦六十四卦。象数卦的"象"是不确定的，任何器物、符号、纹饰均可，但是"数"是确定的，即与八卦六十四卦相关的常数，而且它们常常与古代天文历法的常数一起出现，结构成一个整体性图案。

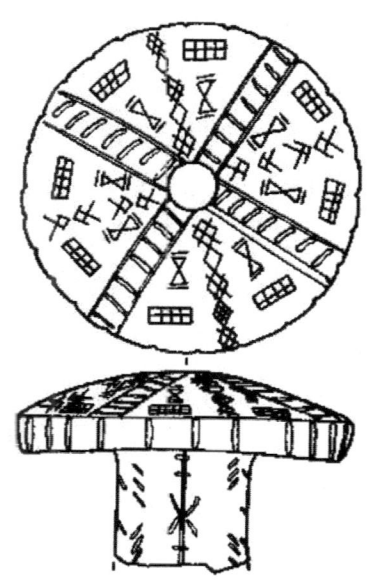

象数卦材料在远古时代较多，也是从远古至汉代表达八卦六十四卦内涵最主要的方式。如湖北秭归柳林溪出土陶支座纹饰：它用 8 个长方形均衡分布在一个圆形图案的周缘寓意八卦，每个长方形被中线一分为二然后用短线分割为 8 小块寓意八卦生六十四卦，其年代在 6500 年前（图 1.28），是目前所见年代最早的八卦生六十四卦象数卦材料之一①。

图 1.28　柳林溪陶支座纹饰

西安北郊汉墓出土圆形铁甲片为汉代一位将军的铠甲遗物，其中央开 9

---

① 陶支座纹饰的完整解读参见《中国远古纹饰探秘》、《中国远古纹饰初读》。

孔呈十字形分布，除圆心孔最大外，其余8孔两两一组分布四方，而周缘两圈共64孔（图1.29）。这些开孔数量和位置分布对应于"四象八卦六十四卦"体系（圆心孔寓意太极），其表达方式与柳林溪陶支座、含山玉版等是一致的。

2. 八卦起源探讨

八角星纹虽然表示八卦，但它不能说明八卦符号的起源。

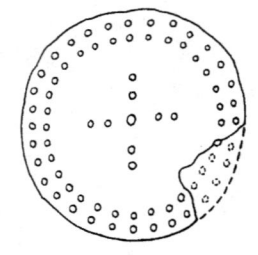

图1.29　汉代铁甲片开孔图

数字卦以马家窑文化六爻数字卦（属于马厂类型）最有价值，说明在4000多年前八卦六十四卦已经产生，并被古人用为占筮。

秭归柳林溪陶支座纹饰等象数卦材料表明，阴阳爻画的八卦六十四卦必然存在于距今6500年前，而且六十四卦源于八卦的两两相重而产生。

远古阴阳爻画八卦（三爻单卦）、六十四卦（六爻重卦）符号的存在，则证明上述推论是正确的。

那么八卦符号是怎么产生的呢？

山东邳州大墩子出土大汶口文化獐牙钩形器距今5000年左右，其柄部刻画了一系列与八卦符号有关的符号：A面刻三爻的震（☳）、坤（☷）两卦，以及⊥、T两个符号，B面自上而下依次刻画◗、━、╴╴、⚏、⚏（图1.30；彩图3）。━即阳爻，╴╴即阴爻，⚏即少阴，⚏是一个未完成的坎卦（☵），◗与甲骨文"卜"字形似，均是与八卦或占卜相关的符号。獐牙钩形器刻画既有震（☳）、坤（☷）两卦，则阴爻╴╴、阳爻━、少阴⚏的确认是没有问题的。

《易传·系辞》认为八卦的产生过程是"易有太极，是生两仪，两仪生四象，四象生八卦……"。北宋邵雍在《皇极经世书》里画了一个太极生两仪四象八卦图，称为"伏羲始画八卦图"，即伏羲画卦是先画阴阳两爻（╴╴、━），据阴阳两爻再分阴分阳得到四象（⚏、⚏、⚏、⚏），据四象又分阴分阳得到八卦（图1.31）。獐牙钩形器刻画提供了一个极其重要的信息，即八卦的产生与《易传》和《皇极经世书》所载伏羲始画八卦图完全吻合。

第一章 渊源有自：上古纹饰的远古基因

图1.30 大墩子獐牙钩形器柄部刻画（A面、B面）

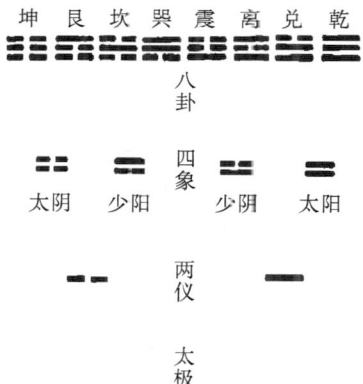

图1.31 伏羲始画八卦图（《皇极经世书》）

据科学史家陈久金研究，八卦符号就是对一年四时八节冷暖变化的符号化表达。远古至夏商周-秦汉的象数卦资料及獐牙钩形器刻画反映的八卦符号产生过程都证明这个认识是正确的。当然，八卦与太极图一样，自其产生开始就带有哲学化倾向，以致后来发展成为一套哲学化、推理化的符号体系，变得深奥无比。

考古材料说明，八卦六十四卦的起源方式与古代文献的记载极其吻合，"伏羲画卦"的传说有一定的真实历史背景，虽然八卦六十四卦产生的最初地点和年代目前还不清楚，传播关系也不明朗。

不变的主题："并封"的怪异造型及其寓意

上古文献《山海经》记载了一种怪物，有两个脑袋一个身子，而且两个脑袋各自朝向相反的方向。这种怪物叫"并封"，《山海经》配了一幅插图，就是两个猪首一个猪身，两头猪各自向着相反的方向奔跑（图1.32）。《山海经》也把"左右有首"的兽形物都称之为"并封"。

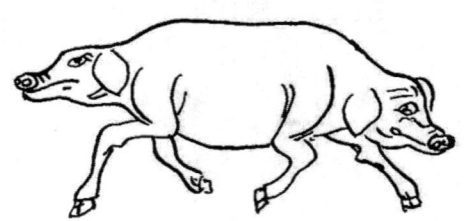

图1.32 《山海经》并封图

"并封"类造型和图像，远古时代已见于黄河流域的仰韶文化、北方的红山文化、长江中游汤家岗文化-石家河文化、凌家滩文化以及下游的河姆渡文化-良渚文化等，西周至秦汉的器物尤其玉器造型及纹饰最为普遍。

"并封"类器物和图像历史悠久、形式繁多、形象怪异，它们对古代纹饰释读和古代文化研究具有特殊的价值和意义①。

---

① 作者认为有6种（组）最重要的纹饰、图像或符号，从远古至秦汉，其形象、含义基本不变。通过它们，大部分古代纹饰都能得到正确解读。它们是：1. 阴阳交午图形（符号）×、⊠、⊠及其变形纹样；2. 火纹♨及其变形纹饰；3. 八角星纹及其变形；4. S纹（反S纹）、旋纹、涡纹；5. 斗形图像；6."并封"图像。它们是解读中国远古至夏商周-秦汉时期纹饰和文化的一组密码。除"并封"外，其他5种（组）已在《中国远古纹饰探秘》、《中国远古纹饰初读》进行介绍。

第一章　渊源有自：上古纹饰的远古基因

夏商周-秦汉的"并封"图像

1. 夏商周时期"并封"图像

夏商周三代，商周文化均有"并封"器物和图像，而与夏有关的文化尚未见到"并封"，可能说明"并封"图像在夏文化时期并不流行。

商代"并封"主要有三种类型：一是造型为双凤鸟的"并封"式玉璜（图1.33），二是一些青铜器提梁的造型为"并封"式，三是商代晚期至西周的S形夔龙纹中有部分为"并封"式。其中具有"并封"造型的青铜器提梁在整个青铜时代常见。

图1.33　商代双鸟形玉璜（故宫博物院藏）

西周"并封"除了继承商代部分形式，新增加的类型丰富，其载体主要有青铜器和玉器。

西周青铜器纹饰新产生"并封"类型有：S形（反S形）阴阳两仪太极图式，如伯公父壶盖顶凤鸟图像（图1.34）；长方形的S形（反S形）"并封"，一般称为窃曲纹，如伯公父盨盖顶纹饰（图1.35）；青铜器双龙纹"并封"。

西周玉器及其纹饰新产生"并封"，其类型和样式更为丰富：一是S形"并封"式玉器或纹饰（图1.37），有双凤、龙凤、人龙纹等不同形式。二是玉璜造型或纹饰为"并封"（图1.36），有双龙、双凤、双人面龙纹等不同形式。还有造型更加独特者，如陕西扶风出土双鸟纹玉佩，其双鸟头相背，但鸟

图1.34　伯公父壶盖顶纹饰

— 31 —

身各自上卷、覆盖在鸟头上方,合为一体(图1.38)。

图1.35 伯公父盨盖顶"窃曲纹"
(西周晚期)

图1.36 西周双龙纹玉璜(传世品)

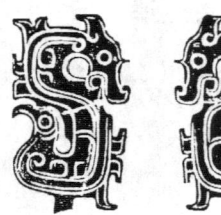

图1.37 西周龙凤形玉饰

图1.38 西周双鸟纹玉佩

2. 春秋战国"并封"图像

春秋战国与西周相比,青铜器造型及其纹饰中的"并封"图像没有显著变化,除阴阳两仪太极图式"并封"罕见,其他"并封"图像得到传承。

春秋战国有显著发展和变化的是玉器造型及其纹饰中的"并封"图像,主要有:一是"并封"式玉璜的形制由⌣形变成了⌢形,"并封"动物的头向从朝上变成了朝下(图1.39);二是用人首、人面形象结构"并封"图像的现象消失;三是战国"并封"式玉璜常见出廓①部分(图1.40);四是出现一些新的"并封"样式和"并封"图像的载体。

---

① "出廓"即超出轮廓。古代玉器常有各自的基本形状,如玉璧、玉环为内圆挖空的圆形薄饼状、环状,玉璜为玉璧的一半。"出廓"就是超出玉器基本形状的部分。

第一章　渊源有自：上古纹饰的远古基因

图 1.39　春秋双龙首玉璜（信阳出土）　　图 1.40　战国双龙首出廓玉璜（传世品）

春秋战国 S 形"并封"主要见于玉器，也见于漆器纹饰，如荆州天星观楚墓出土漆器座，其主体纹饰为双凤鸟 S 形"并封"（图 1.41）。

故宫博物院藏战国双龙玉佩呈⌒形（图 1.42），与扶风出土西周双鸟纹"并封"式玉佩相似，可视为同类型的玉器。

图 1.41　天星观出土漆器座双凤纹　　图 1.42　战国双龙玉佩（故宫博物院藏）

3. 秦汉时期"并封"图像

秦汉"并封"基本继承了春秋战国的传统，但也有一些创新。如部分呈⌒形的"并封"式玉璜，双龙首反顾朝上，而非向下。尤其是出现一些新的"并封"载体和形式，如山东嘉祥画像石中的"并封"式双龙图（图 1.43）、山东微山出土建筑物铺首[①]表现"并封"式双鸟衔鱼图（图 1.44）等。

---

① 铺首是古代建筑物大门上的一种装饰，为口衔门环的兽首模样。因其作凶恶状，古人认为有驱邪除魅的作用。一般认为铺首流行于汉代及以后。

图1.43 山东嘉祥画像石双龙图　　图1.44 汉代铺首图像

中国远古时代"并封"图像

夏商周-秦汉时期"并封"类器物和图像的基本形式、主要样式均见于远古时代。

目前所见年代最早的"并封"类器物和图像出自长江下游的河姆渡文化。河姆渡遗址第一期出土骨匕上的双鸟纹（图1.45）、双头连体陶猪都在距今7000年前。河姆渡第三期出土双猪首陶饰件，距今6000~5600年。

图1.45 河姆渡文化第一期双鸟纹骨匕

黄河流域仰韶文化半坡类型彩陶鱼纹中有典型的"并封"图像，距今约

6500 年（图 1.46）。

在长江中游，湖南汤家岗文化出土白陶盘，其底部戳印以八角星纹为主的图案，外围一周双鸟首构成的 S 形"并封"式符号，距今约 6500 年。之后石家河文化有双头陶鸟（图 1.47）。

图 1.46　半坡出土连体鱼纹彩陶罐

图 1.47　石家河文化双头陶鸟

安徽含山凌家滩出土双猪首玉器（图 1.48）与《山海经》"并封"图颇为相似，距今约 5000 年。凌家滩还出土双虎首玉璜（图 1.49），其形制⌣与后来的西周式"并封"玉璜一致。

图 1.48　凌家滩出土双猪首玉器

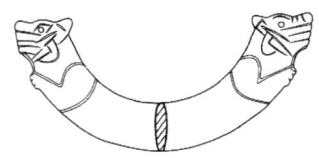
图 1.49　凌家滩出土双虎首玉璜

北方红山文化出土较多"并封"式玉器（图 1.50），一般正面刻画兽面的双眼和牙齿、两端为相同的兽头（龙头或鸟首）。另外还有双龙首璜形玉器及双猪（熊？）首、双人首三孔玉器，都是"并封"式器物。

图 1.50 红山文化"并封"式玉器

"并封"的寓意到底是什么

"并封"器物和图像从距今 7000 年的河姆渡文化到约 2000 年前的汉代，延续时间至少 5000 年，遍及其间主要的考古学文化和时期——目前仅马家窑文化和夏代尚未发现。

这些不同时空背景下的"并封"让人感觉似乎出自同一手笔。《山海经》双猪首"并封"图像竟然见于 5000 年前的凌家滩文化，甚至 7000 年前的河姆渡文化；7000 年前河姆渡文化骨匕双鸟纹"并封"，竟然见于苗族传统纹样，与商代双鸟纹玉器也形神俱似（图 1.51）。

"并封"器物和图像到底反映古人什么思想、观念，其寓意或象征意义是什么？实际上不少"并封"图像都提供了线索和证据，说明其表达的是阴阳观念。例如：

年代最早的"并封"河姆渡骨匕双鸟纹，其与苗族传统纹样双鸟纹形神俱似，而后者两鸟纹背上画着明确的阴阳两仪太极图，说明双鸟纹"并封"可能寓意阴阳。

凌家滩出土双猪首玉器，双猪首之间有一个似戳印的八角星纹，上面拼接一个鸟首，双猪首构成鸟的翅膀。八角星纹寓意八卦，说明双猪首当寓意阴阳。

第一章 渊源有自：上古纹饰的远古基因

图 1.51　古代双鸟纹并封比较图

（1. 河姆渡文化；2. 商代晚期；3. 苗族传统纹样）

西周伯公父壶盖顶双鸟纹"并封"，本身就是典型的阴阳两仪太极图式。

郑州南关外出土西汉空心砖，上面刻作两个 S 形鸟龙纹，每个 S 形的两个弯钩内各置三个圆点，计 4 组 12 个。圆点纹的设置合一年四季（每季三个月）十二个月历数，说明 S 形鸟龙纹"并封"当寓意阴阳（图 1.52）。

图 1.52　西汉空心砖鸟龙纹（郑州市南关外北二街出土）

# 变与不变之间：陶器纹饰与远古时代的异同

陶器纹饰①是远古纹饰的主体，到夏商周-秦汉时期，青铜器纹饰取而代之。

大体上，夏商周时期青铜器纹饰几乎独大，陶器和玉器纹饰都黯然失色。春秋战国，青铜器纹饰的霸主地位有所衰减，由于彩绘陶成熟和瓦当的出现，陶器纹饰有所繁荣。秦汉时期因画像砖和瓦当的普遍使用，陶器纹饰成就了最后的一抹辉煌。

瓦当和画像砖是远古所没有的陶器类型，其纹饰大体上也为远古时代所无，虽然也有一些文化渊源关系。彩绘陶在远古时代很少，春秋战国-秦汉时期彩绘陶在形式上与远古陶器纹饰有同有异，文化内涵上关系密切。

除瓦当和画像砖，夏商周-秦汉陶器纹饰与远古的异同，大致概括如下：

陶器生产和制作过程中自然形成的纹饰，以及一些因实用而产生的纹饰，区别不大。作为古代精神文化、思想观念载体的陶器纹饰，上古与远古有相同的也有不同的。承载古天文历法内涵的陶甑蒸汽孔与远古一脉相承；仿青铜器纹饰的陶器纹饰与远古差异较大。

大体上不变的陶器纹饰

陶器在生产和制作过程中自然形成的纹饰，如绳纹、篮纹、弦纹、箅纹、方格纹、划纹、附加堆纹、戳印纹、镂孔等等，它们存在于远古，也大都存

---

① 本书介绍和讨论的古代纹饰主要属于因记载、表现和传播人类精神文化、思想感情、知识与观念等等而产生，本节所说夏商周-秦汉陶器纹饰也不例外。

在于夏商周-秦汉。

如秭归官庄坪出土陶器纹饰,从远古屈家岭文化到与夏代同时的二里头文化时期,再到东周时期,其中的绳纹、交叉绳纹、方格纹等都差不多(图1.53-55)。轮制陶器过程中,陶器底部会留下旋转纹路,如山东兖州西吴寺出土龙山文化陶器旋纹(图1.56),与河南偃师二里头出土夏代陶器旋纹(图1.57)大同小异。

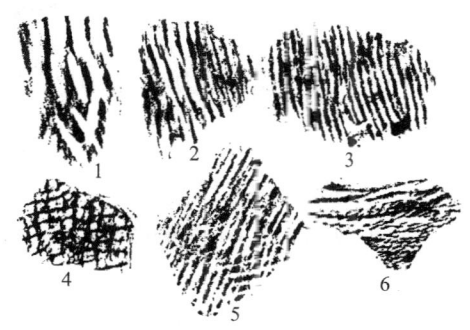

图 1.53　官庄坪出土陶器纹饰:屈家岭文化时期

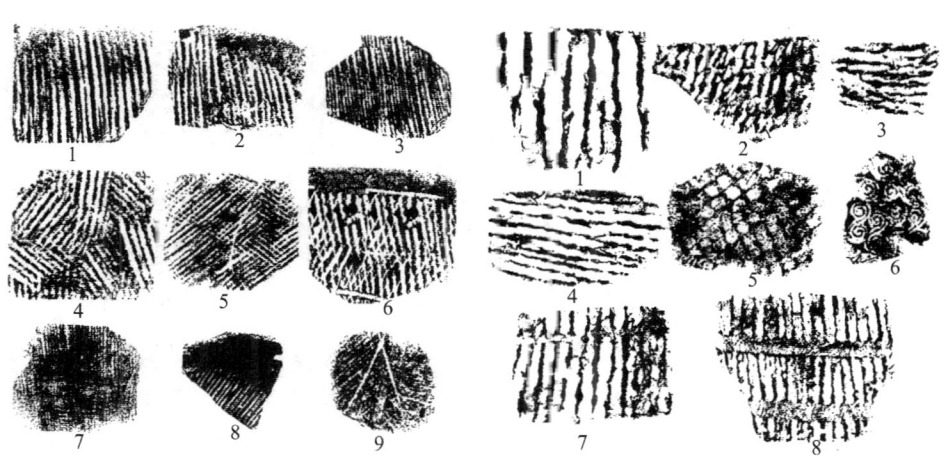

图 1.54-55　官庄坪出土陶器纹饰:二里头文化时期;东周时期

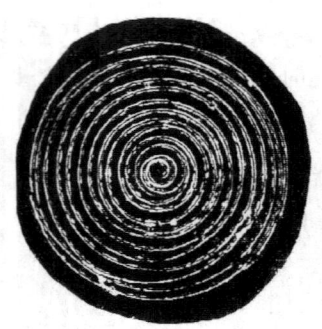

图1.56　龙山文化陶器旋纹　　　　图1.57　夏代陶器旋纹

与陶器使用和功能有关的纹饰，也会大同小异。如远古时代使用刻槽盆——这种器物可能有淘洗、研磨、澄滤等作用，夏商周-秦汉时期古人还是要使用刻槽盆，其内壁的刻槽纹路，制作方法与功能都差不多（图1.58-1.59）。

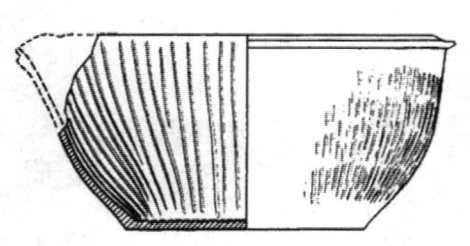
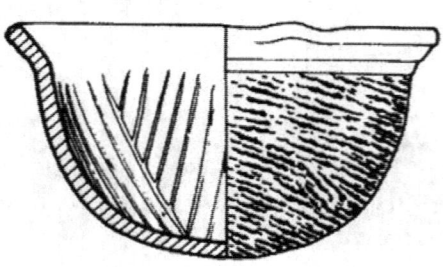

图1.58　新乡出土龙山文化刻槽盆　　图1.59　大师姑二里头文化刻槽盆

与古人精神文化、思想观念有关的纹饰，在不同时代和地区，可能不同也可能相近。如：山西夏县东下冯出土二里头文化陶片羊角形堆纹（图1.60）与半坡出土羊角柱形纹（图1.61），二里头遗址出土陶器蛇纹（图1.62）与浙江庙前出土良渚文化陶罐鸟龙纹（图1.63），都是相同相近的纹饰，虽然其年代、地域、文化差距都很大。远古八角星纹与夏商周-秦汉的八角星纹、当代少数民族八角星纹，其形象和画法大多一致。

第一章　渊源有自：上古纹饰的远古基因

图 1.60　东下冯陶片羊角形堆纹

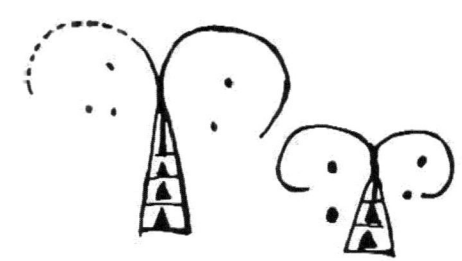

图 1.61　半坡遗址出土羊角柱形纹

图 1.62　二里头出土陶器蛇纹

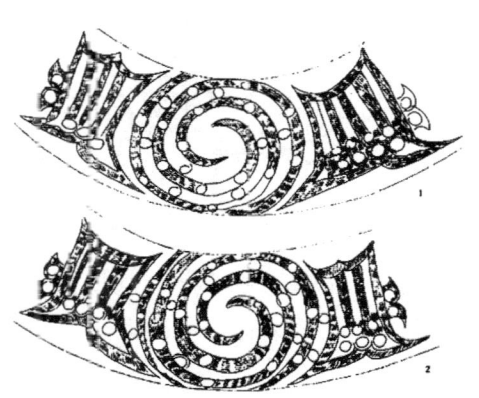

图 1.63　良渚文化陶罐鸟龙纹

内涵相同形式有异的纹饰

从文化内涵上看，夏商周-秦汉陶器纹饰大多数与远古一脉相承，不少单个纹饰或纹饰单元也一直没有变化，但是表现形式、风格以及纹饰组合方面也会有很多不同。

远古常见八角星纹，也有一些其他多角形星纹，其寓意多与古代天文历法有关。夏商周-秦汉陶器星形纹与远古比较，是典型的内涵相同形式有异的纹饰。常见陕西扶风西周墓出土陶盂这种多角形星纹（图1.64），它表示光芒的尖角不一定吻合历数，但通过同类纹饰可以证明它们是象征日月星辰。

— 41 —

以山东章丘市孟白战国墓出土一组陶器的纹饰为例：

陶豆 M1：3 盖面内圈是璧形纹，外圈用角形纹互相交叉、重叠形成一周编织纹样，统计角形纹共 28 个合周天二十八宿数，璧形象天，内外圈纹饰的象征、寓意可以互证（图 1.65）。

 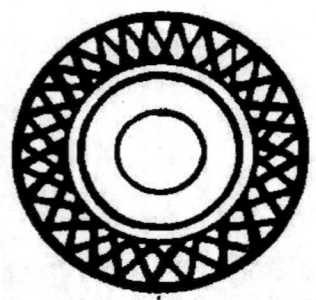

图 1.64　西周陶盂盖面纹饰　　　　图 1.65　战国陶豆盖纹饰（章丘孟白）

陶豆 M1：4 盘内纹饰结构是：外圈与陶豆 M1：3 大体相同，但其角形为 35 个，与历数不合。内圆用十字线分割为互相对称的四个扇形区：左右两个各画 5 条平行线，加上靠边十字线中的一条，计两组 12 条平行线合一年十二个月历数；上下两个各画一旋涡纹，旋涡纹寓意太极。内圆纹饰十分严谨地表达易学和天文历法内容，故外圈用角形交叉、重叠而成的编织纹样仍象征日月星辰（图 1.66）。

陶豆 M1：5 盘内纹饰结构是：外圈与陶豆 M1：3 大体相同，但其角形为 31 个，与已知古代历数不合。内圆用 9 个卷曲程度不同的旋纹构成转轮式图案，其间填了一些不规则分布的圆点，但是计其数仍然是 28 个。显然制作者仍然是把整个豆盘纹饰当作天文、天象及相关知识的图像来设计、制作的（图 1.67）。

孟白战国墓这些陶器纹饰的文化内涵既互相佐证，也各自能够自证，充分说明旋纹就是太极图的简省符号、那些像编织纹样的星形纹是日月星辰的象征。其中的旋纹、S 纹是自远古以来一直存在的，其象征意义没有发生变化,但具体使用环境和形式则灵活多变。多角形纹的使用更是表现得随心所欲,天文历法、天象的主题未变,但形式丰富多彩。

图 1.66　战国陶豆盘纹饰(章丘孟白)　　图 1.67　战国陶豆盘纹饰(章丘孟白)

陶甑蒸汽孔的大同小异

陶甑是古人的日常生活用器物,其底部有多少不一的蒸汽孔。有少数陶甑蒸汽孔的设置十分讲究,其圆孔的数量或位置关系与表现古代天文历法知识有关。

如河南杞县鹿台岗出土龙山文化陶甑,中心孔外有两圈蒸汽孔,第一圈6孔,第二圈12孔,整个甑底19孔,表现19年7闰的十二月历法(图1.68)。目前所知,这种表达方式可上溯至6000多年前的仰韶文化半坡类型。

鹿台岗陶甑蒸汽孔这种表现方式在夏商周-秦汉时期得到传承。如河北中山国灵寿城出土战国陶甑(图1.69)、湖北云梦睡虎地秦墓出土陶甑(图1.70)、四川什邡城关汉墓出土陶釜甑(图1.71)等等,均是设置19个蒸汽孔以合十九年七闰十二月历法常数,其中什邡城关陶釜甑蒸汽孔与鹿台岗陶甑蒸汽孔布局完全相同,虽然其年代相差两千年以上、地域也相距很远。这些材料说明,有相同的内涵表达就可能有相同的思维方式和处理技巧。

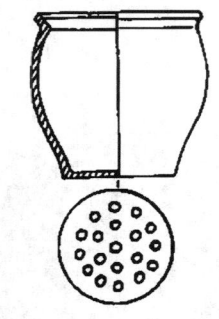

图 1.68 龙山文化陶甑

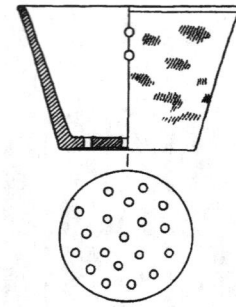

图 1.69 灵寿城出土战国陶甑

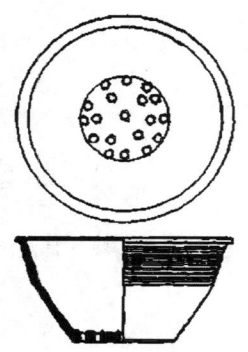

图 1.70 睡虎地秦墓陶甑

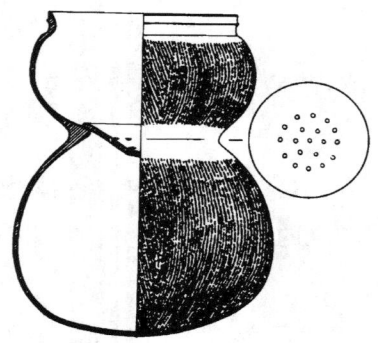

图 1.71 什邡汉墓出土陶釜甑

秦汉时期通过陶甑蒸汽孔的设置来表现古代天文历法知识是比较普遍的，而且不乏精品。如什邡城关秦墓出土陶甑，其蒸汽孔36个，分三圈设置、每圈12个，不仅表现了十二月历法与十月太阳历的基本历数，而且自内至外呈放射状，犹如日月星辰之光芒（图1.72），巧妙地表达了其文化内涵与象征意义。

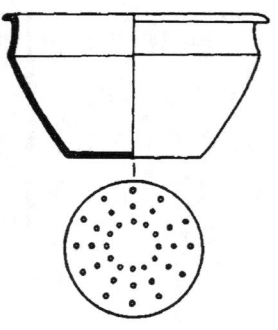

图 1.72 什邡秦墓出土陶甑

第一章 渊源有自：上古纹饰的远古基因

仿青铜器纹饰的陶器纹饰

夏商周-秦汉还有大量陶器纹饰属于仿青铜器纹饰。仿青铜器及其纹饰的陶器在商代已经存在，春秋战国较为盛行，至秦汉亦较为普遍。仿青铜器的陶器包括陶鼎、陶簋（guǐ）、陶豆、陶甗（yǎn）等等，多是明器①。以下举例说明：

河南新郑李家村出土春秋时期彩绘陶豆，豆盘上装15个叶形提手②，盘内主体纹饰为三角形雷纹，器型及纹饰都仿自青铜器。俯视豆盘，其纹饰结构是：盘内12个三角形雷纹，4个居中构成菱形、8个两两一对分居四方，有多重对称关系，其象数合一年四时八节十二个月历数；盘壁12个折线纹，合一年十二个月历数；盘沿15个提手构成放射状的花叶纹（图1.73-1.74）。

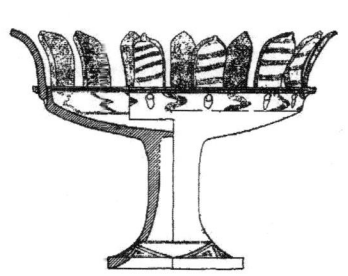 

图1.73 春秋彩绘陶豆　　图1.74 春秋彩绘陶豆俯视图

河北易县燕下都遗址出土战国时期陶鉴、陶壶等，从器型到纹饰（饕餮纹、雷纹、蕉叶纹等），都是仿自青铜器（图1.75-1.76）。

---

① 明器，也称冥器，指专为陪葬死者而制作的礼仪性器物。
② 提手，指古代器物或器盖上专门设计和制作供人拿捏提起的部位。

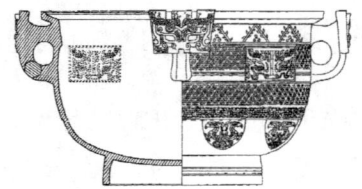 

图 1.75　燕下都第十六号墓出土陶鉴　　图 1.76　燕下都第十六号墓出土陶鉴饕餮纹

第一章 渊源有自：上古纹饰的远古基因

变与不变之间：
所谓云纹与雷纹的前世今生

中国古代纹饰中，数量最大、使用范围最广且延续时间最长，至今仍广泛使用的，无疑应该是云纹（包括云雷纹、雷纹）①，各民族器物、服饰、建筑物装饰等以及各种现代设计制作、装饰，常见其形象与踪影。2008年北京奥运会，云纹成就了其他所有古代纹饰都不及的当代辉煌，成为奥运火炬唯一主题纹饰，连火炬都被称为"祥云火炬"（图1.77-1.78）。

图1.77　2008年北京奥运会"祥云火炬"　　图1.78　2008年北京奥运会"祥云火炬"

虽然龙、凤（鸟）、太极图等在中国古代文化中也是常见纹样，都是中国古代文化、传统文化的代表性符号，几乎家喻户晓，但就绝对数量和使用的广泛性而言，它们确实不及云纹。商周青铜器饕餮纹、夔纹、凤鸟纹盛极千年，但主要存在于青铜器，且到春秋战国后就烟消云散。而云纹（云雷纹、

---

① 为便于理解和衔接，本书对各种纹饰通常仍使用学术界的习惯称谓。

雷纹），不仅与青铜器相伴始终，在陶器、玉器、瓦当、漆器等各种器物上，它都是最主要的纹饰之一，为其他纹饰所不及。

然而，云纹、雷纹象征的是云和雷吗？它们和云、雷的关联性在哪里？何以在古代文化、中华民族文化中如此普遍、长久地存在与使用？到底是什么机制和奥秘决定了这个现象？探索云纹与雷纹的前世今生，我们发现，这个称谓本身可能是个"莫须有"的事件。

云纹（雷纹）名不副实

典型的云纹也就是旋纹、涡纹，其直线直角化则被称为雷纹。古代如此，当今学术界也通行。实际上，在中国古代文化、历史、考古等领域，古代器物、遗迹上凡弯曲的线条类图案、纹饰，几乎都被称为云纹，包括了旋纹、涡纹、螺纹、S纹、⌒纹及其与旋纹的组合等等（图1.79-84），包括其二方连续图案以及不太规则的形式。瓦当葵纹一般是旋纹或S纹的周圈排列（图1.83），玉璧谷纹一般都是很小的旋纹（大的旋纹被直接称为云纹，图1.84）。这些纹饰共同的特征就是有一个或两个弯勾，只是弯曲程度不同。

图1.79　荆州高台秦汉墓漆盘纹饰

图1.80　战国铜壶盖云纹

大多数情况下，它们都被称为云纹、云雷纹，有时候也因各自的特征被称为旋纹、涡纹、螺纹、S纹、葵纹、谷纹、雷纹等等，似曲似方介于二者之间的纹饰则被称为云雷纹。

第一章　渊源有自：上古纹饰的远古基因

图1.81　战国漆盒螺旋形云纹

图1.82　睡虎地秦墓漆耳杯

图1.83　战国秦葵纹瓦当

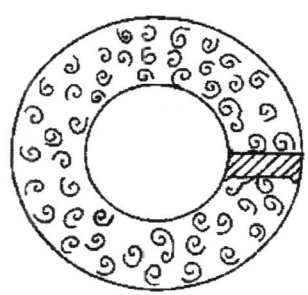

图1.84　东周云纹玉璧

典型的云雷纹大量出现在青铜器上，一般是衬托饕餮纹等主题纹饰的地纹，或者是主题纹饰的构成元素，当然也有云雷纹本身就是主题纹饰的（图1.85—1.86）。还有菱形雷纹、方块雷纹、长方形雷纹、三角形雷纹、钩连雷纹等等不同形式，主要流行于春秋战国，汉代也见。

图1.85　西周云雷纹玉璧

图1.86　三角形雷纹（战国漆箱）

关于云纹、雷纹的含义，罕见专门研究、探讨。不少人都直接把它们理解为表示天上的云、雷，学术界尤其考古界也常见"云气纹"之说，显然是把它们视为自然界的天气现象。实际上将云纹、雷纹视为表示自然界的云、雷是没有根据的。

远古时代的云纹（雷纹）

目前发现，距今七八千年前已有云纹、雷纹，其后常见于各种考古学文化。只是学术界对它们的称谓很不一致，有时以云纹、雷纹相称，有时好像忘记了这个称谓。

河姆渡遗址出土陶支脚为鸟形，其后背把手下方，两侧均堆塑涡纹，与把手相连，互相对称（图1.87）；照学界称谓古器同样纹饰的思路，它们是典型的云纹。河姆渡第一期文化出土陶纺轮，其上制作多条弧线组成的S形纹四组，互相勾连（图1.88）；照学术界的习惯，它们也是云纹。后者年代在7000年前。

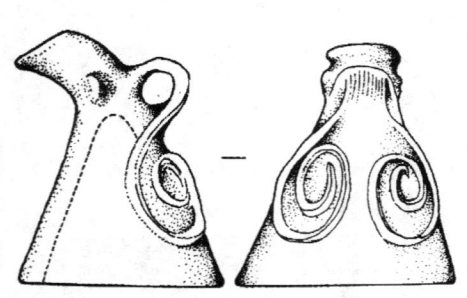
图1.87 河姆渡出土陶支脚

图1.88 河姆渡陶纺轮纹饰

甘肃大地湾文化出土陶器上刻有S纹，在7000多年前。河南舞阳贾湖出土龟甲刻有反S纹，距今8000年左右。按学者称谓云纹的习惯，它们也是云纹。

第一章 渊源有自：上古纹饰的远古基因

河北磁山遗址发现一处卵石堆砌的 S 形遗迹，在 7000 多年前。辽宁查海出土陶片堆塑螺旋纹，学界称之为龙，距今 8000 年左右。按今之学者称谓云纹的标准，它们也应该是云纹，只不过是用石头或泥条堆塑而已。

所以，追溯云纹的历史，要上溯到新石器时代中期，距今至少 8000 年左右。

新石器晚期①及以后，云纹（旋纹、S 纹、旋纹与 S 纹的组合等等）几乎遍及所有的考古学文化。尤其以仰韶文化庙底沟类型彩陶各式旋纹最为典型，包括受其影响的大汶口文化（东部）、马家窑文化（西部）、红山文化（北方）、大溪文化（南方）等等，旋纹、S 纹都是最主要的纹饰。按后世习惯，它们都是云纹或与云纹相关（图 1.89-1.90）

图 1.89 马家窑文化彩陶罐

图 1.90 马家窑文化彩陶瓶

良渚文化玉器"神徽"，无论神人兽面纹本身还是其地纹，都是以云纹、云雷纹为主。红山文化玉器一般都有勾角或雕刻旋心，它们被称为"勾云形玉器"。

雷纹也有六七千年的历史，如内蒙古赵宝沟文化陶器常见"勾连雷纹"。敖汉旗赵宝沟遗址出土陶钵 F9①：4、筒形罐 F7②：13 和 F104②：36 等等，

---
① 距今 7000~4000 年为中国新石器时代晚期。

均以"勾连雷纹"为主题纹饰（图 1.91）。距今四五千年的马家窑文化、小河沿文化，陶器上均见雷纹（图 1.92），甚至由两个反 S 形雷纹组成卍字形。

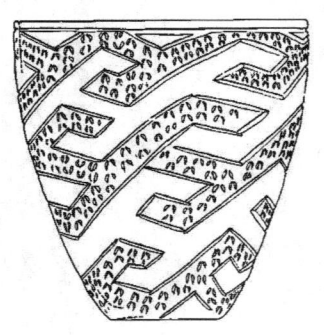
图 1.91　赵宝沟文化筒形罐

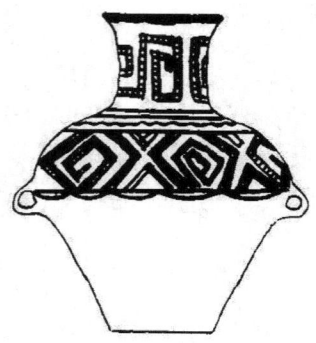
图 1.92　马家窑文化彩陶壶

云纹（雷纹）的象征意义

云纹的主要形式包括旋纹、涡纹（螺纹、蟠蜷纹）、S 形纹，它们都是太极图的简化形式与符号化表示。这种认识不仅得到绵阳木胎漆盘等器物纹饰内涵表达的确切证明，而且可从多种角度反复证明[①]。

云纹的另一主要形式是⌒纹及其与旋纹的组合。它们是春秋战国-秦汉瓦当纹饰中最常见、数量最多的类型，前者的地纹即火纹或其变形，后者即火纹与太极图简省符号旋纹的组合，其寓意主要是火纹（象征心宿）与太极图的结合，也可得到较充分的证明[②]。

回旋盘绕方式的菱形雷纹、方块雷纹、三角形雷纹等都应该是旋纹、涡纹、螺纹直线直角化的结果，长方 S 形雷纹则是 S 纹直线直角化的结果，其寓意应该也与太极图相关。所谓钩连雷纹可能自雷纹、旋纹演化而来。

---

① 参见本书第五章之《天机泄漏：绵阳出土木胎漆盘与秦汉漆器纹饰》、第三章之《太极图的秘密：化生万物与物物皆太极》。
② 参见本书第四章之《新旧交替：春秋战国陶器与瓦当纹饰》、《别样繁荣：秦汉陶器尤其瓦当纹饰的异军突起》。

第一章 渊源有自：上古纹饰的远古基因

以下通过几件典型器物纹饰继续说明和论证：

山东临淄南马坊出土多件战国石璧、石环，均用⌒纹结构抽象兽面纹（蟠虺纹），其纹饰严密吻合古代天文历法的常数。如一件石环用⌒纹结构8个抽象兽面纹，其中4个有三角形或梯形兽鼻，另外4个省去兽鼻但方向相反，互相间隔排列。每个兽面纹由三个⌒纹构成，石环一周计24个⌒纹。石环纹饰合一年四时八节、二十四节气历数，佐证⌒纹确与古代天文历法有关，而不代表自然界的云（图1.93）。

图1.93 南马坊出土战国石环

由于旋纹、S纹、⌒纹的含义均与古代天文历法或易学的基本知识、观念有关，故古代器物纹饰常将它们结构在一起以表达相关文化内涵：

洛阳西工区战国墓出土一批陶器，其上均有同一种纹饰：云纹⌒一侧再加一个旋纹构成阴阳两仪互抱模式，或与之相连构成一个S纹。其中陶豆盘自内至外有多重纹饰：中心圆纹内一个旋纹，寓意太极；第二周三个旋纹与⌒纹组合，是太极图寓意与大火象征符号的组合；第三周四个⌒纹分布四方，象征大火指示一年四季，其间夹了四组八个小的旋纹，寓意一年四时八节，合计纹饰12个合一年十二个月；最外围一周有10组纹饰，每组均由三个平行排列的折线纹组成，计10组36个，合十月太阳历历数（图1.94）。

洛阳中州路出土东周半瓦当，以心形纹（象征心宿）为主体纹饰，其内再置两个相背的旋纹寓意阴阳；旋纹下又是一个⌒纹，也与心宿相关（图1.95）。

图 1.94　洛阳战国墓陶豆俯视图　　　图 1.95　洛阳出土东周半瓦当

正因为旋纹、S 纹、⌒纹、心形这些纹饰和图案，其文化内涵基本一致或密切相关，故常被结构在一起，古人用起来随心所欲而又不失严谨。这些纹饰从自然界云、雷的角度是讲不出道理和依据的。

第一章 渊源有自：上古纹饰的远古基因

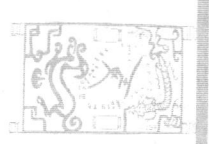 ## 变与不变之间：
北斗、北极崇拜与龟甲龟纹

北斗七星不仅具有指示春夏秋冬四季、东南西北四方的作用和功能，而且其中的某颗星有时还会成为极星，通过它们可以建立起整个可视星空的空间位置关系，对帮助古人认识星空具有极其重要的作用，故北斗在古人的生产、生活和精神世界里都极其重要。

北斗这种特殊地位和作用，自然会反映到古代刻画图案、纹饰里。它们对认识和理解与之相关的古代纹饰具有非常重要的作用和意义，是帮助认识和解读远古图案、纹饰的可靠路径之一。

古人表现北斗、北极崇拜的方式和图像有多种，而与北斗相关的数量设置和斗形图像、符号是帮助辨识它们的关键因素。相关纹饰或图像主要分为四类：最直观的星点或斗形图像、兽面或人兽合体的神面纹、相关龟甲与龟纹、其他方式。

夏商周-秦汉的北斗崇拜方式和图像，与远古相比有相同和继承部分，也有创新、增加或改变的，总体上在变与不变之间。

最直观的星点或斗形图像

用七个星点纹或将其构成北斗七星的形象，是最常见的北斗崇拜表达方式。

距今1万年前，这种方式的北斗图像已经生产，即山西吉县柿子滩岩画左侧部分——人像头顶的七个星点被认为象征北斗七星，人像被认为是女巫，她可能正在禳星除灾（图1.96）。

河北阳原于家沟出土一件圆形蚌饰品，其年代距今12000年左右

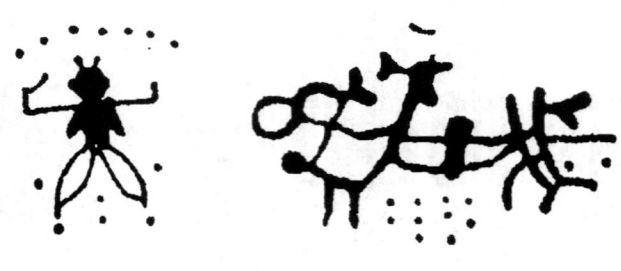

图1.96　山西柿子滩岩画（局部）

（彩图2）。这件蚌饰品中心有一个较大的圆形穿孔，其周围钻凿了一些小圆窝，它们可能分别象征北极星及北极天空的星辰。

延安芦山峁出土七孔玉刀距今4500年左右，天文考古学家冯时认为这是一件大型礼器，上面7个圆孔是一副形象生动的北斗图像（图1.97）。

河南偃师二里头出土七孔玉刀也当是礼器，为夏王朝时期器物（图1.98）。玉刀上的7个圆孔成一直线，与吉县柿子滩岩画北斗七星的表示方法类似。

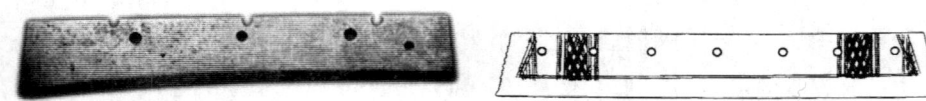

图1.97　延安芦山峁出土七孔玉刀　　　图1.98　二里头遗址出土七孔玉刀

用七个星点绘成北斗七星的形状常见于汉代器物和遗迹。山东武梁祠石刻将北斗七星的形状比喻为最高天神北极星君乘坐的舆车，刻画了北极星君巡游天宫出行中的前呼后拥情景（图1.99）。

大汶口文化出土一批斗形陶刻符号，距今5000年左右（图1.100）。冯时认为它们是表现北斗崇拜的符号，其中有刻七个或四个、五个圆圈纹的，分别表现北斗的七星或四星（斗魁）、五星（斗魁及代表斗柄的一星）。

大汶口文化斗形刻符表现北斗星的方式，在数千年后还能见到。如新疆吐鲁番阿斯塔那古墓区出土木棺前档，绘有表示北斗星的七个黑色圆点，其中四个连线成斗形、三个连线组成斗柄，其时代为前凉（图1.101）。

第一章 渊源有自：上古纹饰的远古基因

图1.99　山东武梁祠东汉石刻画像

图1.100　大汶口文化斗形陶符

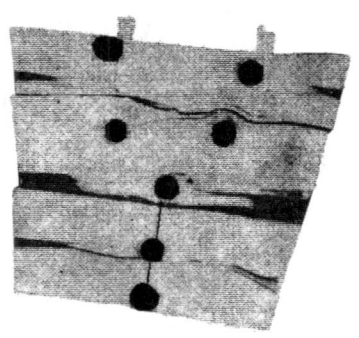

图1.101　新疆出土前凉木棺北斗星图

兽面或人兽合体的神面纹

用兽面或人兽合体的神面纹象征北斗、北极星神也具有悠久的历史和传统，而且表现形式丰富，在不同的时代和文化中呈现出大同小异或略有变异的图像和纹样。

远古反映北斗崇拜最典型的图像是良渚文化玉器上的人兽合体神面纹，

也被称为"神徽",其简化形式常常只有兽面。冯时论证这种"神徽"是良渚先民塑造的北斗大神、"太一神"①,其中神人面的斗形方脸是象征北斗的标志(图1.102)。

良渚文化最主要的玉器类型之一玉冠形器,其形制为斗形,有些也制作"太一神徽",因此这种玉冠形器的形制也可能与北斗崇拜有关(图1.103)。

图1.102 良渚玉器"神徽"

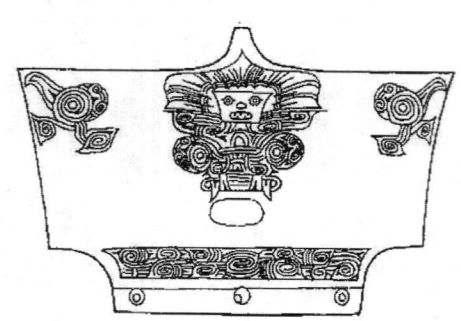

图1.103 良渚文化玉冠形器

湖南黔阳高庙出土陶罐兽面纹也当是北斗崇拜的反映,巨口獠牙的神面及重叠的斗形图像与良渚"神徽"有同样的设计思路与表现形式,约在7000年前(图1.104)。

龙山文化玉器以及商周玉器有一批兽首人面纹,有学者认为这些兽首也是猪首(象征北斗)、人兽合体神像是北斗的神化。它们一般都长着巨口獠牙,有的头

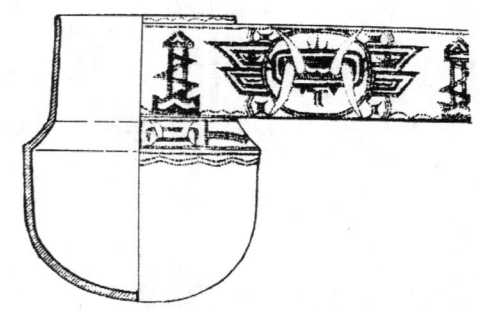

图1.104 高庙出土陶罐兽面纹

上还戴高耸的羽冠(图1.105-106),与良渚"神徽"具有一致性。

著名历史学家李学勤曾将良渚"神徽"称为饕餮纹,说明其与青铜器饕

---

① 太一,指北极星。远古时代,北斗七星中的某些星座也曾经成为北极星,故北斗星也具有太一资格。

饕餮纹的相似性。据本书作者研究，青铜器饕餮纹的确与表现北斗星神相关，可以从多方面进行论证①。

图1.105　龙山文化玉器神像

图1.106　商代玉器神像

长沙马王堆汉墓出土帛画，有一幅著名的太一避兵图，"太一"形象与饕餮纹很不一样，不过也是一幅妖魔鬼怪的形象，而且脸面也是方形的（图中央最上方神像，图1.107）。

古代龟甲与龟纹的寓意

由于商周龟甲被用于占卜，人们形成了一个印象，认为古代龟甲都是用于占卜，包括出土远古时代龟甲。实际上并非如此。

图1.107　长沙马王堆汉墓出土帛画

大汶口文化和山东龙山文化龟背甲上的四孔连线成方形、斗形，可能象征斗魁四星，而椭圆形背甲可象征北极天盖。腹甲成╬形且一端为圆形、一端为方形，可象征"天圆地方"，一个小圆钻孔靠近圆弧边缘，象征北极星。这些理解可得进一步证实：江苏邳州刘林出土大汶口文化龟背甲，除钻有连

---

① 参见第三章之《饕餮纹的秘密：北斗星君才是最高天神》。

线成斗形的四小孔外，其边缘还有一排计 12 个更小的圆孔，合一年十二个月历数，佐证大汶口文化、山东龙山文化龟甲及其钻孔当与古天文相关，而非用于占卜（图 1.108）。

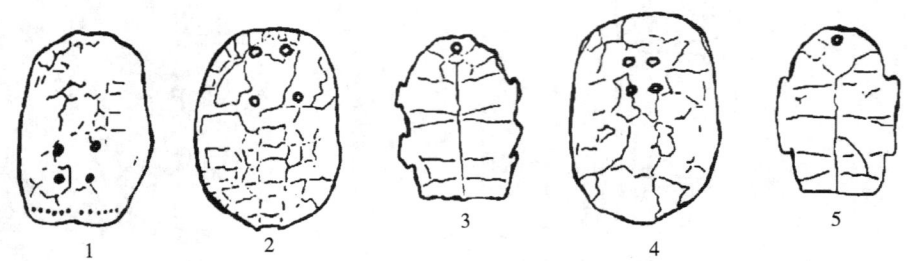

图 1.108　大汶口文化、山东龙山文化龟甲及其钻孔（王育成）

在龟甲上钻孔象征北斗，这一文化传统可上溯至 8000 年前的贾湖文化①。商周青铜器图形文字，常见龟鳖形动物纹背上制作四个圆点且连线呈方形，或者直接用"十"字形将其一分为四，它们也是北斗崇拜的反映（图 1.109）。

图 1.109　商周青铜器图形文字

---

① 参见《中国远古纹饰探秘》、《中国远古纹饰初读》。

其他方式表现的北斗崇拜

表现北斗、北极崇拜的图像、纹饰、器物或者方式还有不少。

青铜时代表达北斗崇拜的代表性器物应该是商周青铜方鼎,尤其是商代早期铜方鼎;汉代开始则有镇墓的斗瓶。

荆州高台秦汉墓出土七连弧纹铜镜,在连弧纹间填以密集旋纹;后者是太极图的简化符号,故可认为七连弧纹与北斗七星的七数有关。此镜在连弧纹与镜钮之间,还铸有七个心形纹(象征心宿),心形纹的桃形底部又置互相对称的旋纹寓意阴阳,这些纹饰都反复说明其与天文历法有关,所以视七连弧纹为表现北斗七星之数理是没有问题的(图 1.110)。

自商周以降,古代文字的使用渐为普及,直接使用"斗"字以示北斗崇拜就成为可能。随县曾侯乙墓出土战国漆木衣箱绘画就是典型材料:衣箱盖面中央大书一个"斗"字,周围书二十八宿名称,两侧再绘青龙、白虎图像(图 1.111)。

图 1.110　汉代七连弧纹铜镜

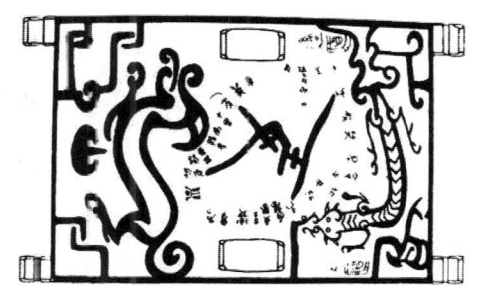

图 1.111　曾侯乙墓出土漆箱盖纹饰

第二章
形神兼备：
青铜时代的纹饰威武

一件器物　器物的组合
或者纹饰的一个转角
都蕴含了不同的意思　任你猜测和解读
这是青铜浇铸的时代和意志
无论驯服还是被驯服
表演或者忽悠　仪态必须主严
没有商量　你懂的

饕餮纹凶相毕露
夔与夔龙　满身是角
凤鸟啊光彩照人　华美灿烂
又或者
殷墟、三星堆、大洋洲的神秘不解
都盖不住那种
对天国的遐想和欲望

三代礼制：
爵、觚爵配与鼎簋配

古语云："国之大事，在祀与戎"。即国家最重大的事务，就是祭祀和战争。祭祀排在战争前面，说明祭祀的重要性不亚于战争。古代战争还常与祭祀活动相伴，所以祭祀堪称古代国家第一大事。

青铜器纹饰是青铜时代最主要的纹饰，是最能够代表这个时代的纹饰。而刻铸、承载这些纹饰的青铜器不仅具有实用价值，更重要和根本的是，它们是一种礼器，主要用于祭祀活动。祭天地人祖、别人伦秩序是其最重要和最根本的功能与价值所在。

因此了解和研究青铜器纹饰，必须要知道作为礼器的青铜器的使用制度。夏商周青铜礼器制度主要有三种：商代的爵觚（gū）制度、周代开始的鼎簋制度和编钟制度。

爵觚制度

最早为青铜器礼制研究做出贡献的是考古学家郭宝钧。他搜集各地出土两千余件商周青铜器资料综合研究，提出"商人重酒"、"周人重食"（即商人看重酒文化，周人看重食文化）的著名观点。商人重酒导致"爵觚"制度的产生（爵、觚皆为酒器），周人重食导致"鼎簋"制度的产生（鼎、簋皆为食器）。

考古发现，属于夏代的二里头文化出土青铜器数量较多的是爵（图2.1），毕经纬认为夏代可能存在用爵制度，而商代爵觚制度应发源于夏代用爵制度。古代统治阶级内部用以区别身份和地位高低的重要标志即爵位，如

第二章 形神兼备：青铜时代的纹饰威武

周代自王以下分为公、侯、伯、子、男五等爵位。等级制度被称为爵位，可知爵觚等酒器在夏商和青铜器中的重要性。

爵、觚是商人最重要的器类（图2.2-2.5），商王朝严格的等级制度当然会体现在使用爵觚的数量上。有学者以殉葬爵觚套数的多少将商人的上层社会分为八个等级，最高级是王室最上层的权贵和受宠王妃，他们享用的爵觚能达到50套以上。以下七级依次为各级贵族，最低级者包括上层自由民（相当于现在的中产阶级）。

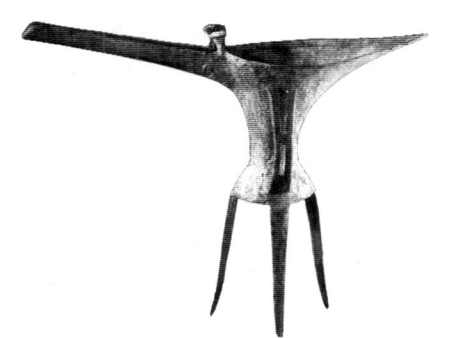

图2.1 夏代乳钉纹平底爵

图2.2 商代早期网纹爵

图2.3 商代后期子工万爵

中国上古纹饰初读

图 2.4　商代早期兽面纹觚

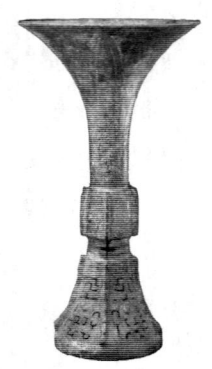

图 2.5　商代晚期受觚

也有人认为商代中期是以爵斝（jia）为组合核心，商代晚期至西周早期才是以爵觚为组合核心，并辅以爵觯（zhi）和爵觚觯以及鼎簋的组合，至西周中晚期以鼎簋为组合核心。不过据岳洪彬研究，在西周早期的 71 座墓葬中，仅有 6 座同时随葬爵觚，占比 8.5%，与殷墟近 95% 的墓葬都随葬爵觚相比，是一种质的变化。说明爵觚制度在西周早期接近消亡。

鼎簋制度

1. 列鼎制度

所谓列鼎，就是多件鼎器陈列在一起，一般是形制相同、纹饰相同、大小依次递减，多件鼎器排列在一起使用。但据专家研究，实际上可能也不局限于这种定制。

关于列鼎的等级差别，汉代何休认为"祭祀天子九鼎，诸侯七鼎，卿大夫五，元士三也"。但是《周礼》却说天子用十二鼎。郑玄在为《周礼》作注时对十二鼎进行解释，说是"牢鼎①九，陪鼎三"。

俞伟超和高明认为何休讲的用鼎制度在西周前期已形成，而且当时还存

---

① 根据周代礼制，盛装牲肉的青铜鼎，其件数不同则称谓又各有不同：九鼎、七鼎称大牢，五鼎为小牢，三鼎曰牲，一鼎为特。

在两套严格的用鼎制度：周王室自有一套天子九鼎、卿七鼎、大夫五鼎、士三鼎或一鼎的制度，又有另一套公、侯七鼎，伯五鼎，子、男三鼎或一鼎的制度。

"一言九鼎"指说话极有分量，能起到决定性作用。其含义正与天子用九鼎密切相关，用九鼎的人是天下"唯我独尊"的第一人，其言语当然极有分量。

但是考古发现，春秋战国不少诸侯墓葬出土九鼎（图2.6；彩图4）。如湖北随州擂鼓墩、河南辉县琉璃阁、河北平山中七汲等遗址的大型墓葬，其葬主包括曾矦、蔡昭侯、中山国君等，都是诸侯却有九鼎随葬。这可能说明东周王权衰落，诸侯在礼制上存在较普遍的僭（jiàn）越。

图2.6　新郑郑国祭祀遗址九鼎出土现场

目前所知文献资料和考古材料，还不能确切地说明列鼎制度完全真实的情况是怎么样的，只能说考古发现与文献资料大体上比较吻合。

另外，楚墓的用鼎制度与中原有所不同。除身份特高者外，楚墓用鼎一般采用偶数，或四、或六、或八等。

2. 鼎簋制度

周代器用制度不仅有列鼎，还有与之配合使用的列簋，称之为鼎簋制度。

图2.7　商代晚期兽面纹簋

图2.8　西周早期巨目饕餮纹簋

图2.9　新郑郑国祭祀遗址出土八簋

簋在商代中期开始出现（图2.7），但是大量的使用在西周至春秋时期（图2.8-9）。据古代文献分析，从周天子到诸侯、大夫、士，鼎簋的配置依次是九鼎八簋、七鼎六簋、五鼎四簋、三鼎二簋。考古发掘的情况不尽吻合，只是大体上差不多。

据考古可知：河南陕县上村岭虢国墓地，虢太子墓随葬七鼎六簋，其他地位较低者葬五鼎四簋、三鼎四簋等；安徽寿县蔡侯墓出土1件镬形大鼎、

7件升形鼎、9件普通圆鼎，同时配八簋及其他礼器；湖北随州曾侯乙墓出土2件镬形大鼎、9件升形鼎、5件普通圆鼎，同时配八簋及其他礼器。诸侯都不止九鼎八簋，可见春秋战国礼制僭越现象很严重，诸侯们想的都是"老子天下第一"。

毕经纬研究认为，春秋中晚期至战国早中期一般有多套列鼎，战国晚期似乎又恢复为一套列鼎，同时敦和豆替代了簋的使用，一直持续到汉代。

秦汉时期鼎簋制度遭到瓦解。

编钟制度

祭祀或其他重要的礼仪活动少不了音乐，这导致礼乐和编钟制度的产生。

铜钟、铜铙和石磬都是青铜时代重要的乐器。一般认为，铜钟自铜铙演变而来。它们形制差不多，主要区别在于：使用或敲击时，铜钟柄部在上用于悬挂，铜铙柄部在下执于人手或插入器座。因此它们发出的乐音是有区别的。

与列鼎列簋一样，多件形制、纹饰相同，大小依次排列组合使用的铜钟、铜铙就是编钟、编铙。编钟、编铙以及编磬的使用，与其他青铜礼器一样有着严格的等级制度，它们也是身份、地位的象征物，是礼器。

编钟又有镈钟、甬钟、钮钟之别。一般镈钟的铣口是平的，甬钟和钮钟的铣口为圆弧形（图2.10-12）；甬钟有长柄的甬，供悬挂使用的钮在甬部下端，钮钟有钮无甬。青铜时代主要的大量的编钟还是甬钟。

铜铙和编铙盛行于商代晚期，至西周初期开始衰亡。据考古发掘材料，商代晚期编铙一般3~5件一组（图2.13）。

镈钟在商代晚期已出现，甬钟产生于西周早期。甬钟产生后，由于悬挂敲击产生乐音浑厚圆满的优势，迅速取代铜铙成为礼乐器的首选，一直流行到汉代。

西周时编钟最多达13件一组。湖北随州曾侯乙墓出土战国时编钟64件、镈1件，是迄今所见最为宏伟壮观、声律最为齐备的编钟。

图2.10 镈钟（春秋）

图2.11 甬钟（西周）

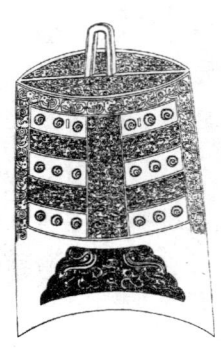
图2.12 钮钟（周）

图2.13 商代后期铜编铙

礼必本于太一

《礼记·礼运》曰："是故夫礼，必本于太一，分而为天地，转而为阴阳，变而为四时，列而为鬼神。"又云："夫礼必本于天，动而之地，列而之事，变而从时……"

礼的本源在"太一"，在"天"。太一是什么？

据《淮南子·天文训》、《鹖冠子·泰鸿》、《史记·天官书》、《汉书·郊祀志》、《尔雅》等古代文献，太一即北极星、北极星神，也是最高天神，故可代表天。礼必本于天、礼必本于太一，意思相同。夏商周三代礼制尊奉的天、天帝、上帝，均指这位至高无上的太一神。

《礼记》的记载，对于我们理解和释读青铜礼器之纹饰，将带来极大的启示和启发。

第二章 形神兼备：青铜时代的纹饰威武

纹饰印象：
从夏商周到春秋战国[①]

从夏商周到春秋战国是中国的青铜时代，无论数量、普遍程度、重要程度还是艺术水平，足以代表这个时代的纹饰都是青铜器纹饰。青铜器纹饰数量庞大、种类繁多，但最主要的是饕餮纹、龙纹（尤其是夔龙纹）、鸟纹（凤鸟）三类幻想动物纹，饕餮纹是青铜器纹饰的重点，也是青铜时代最神秘的纹饰。

青铜器饕餮纹、夔龙纹和鸟纹在商代均已产生，且都延续到西周中晚期，龙纹、夔龙纹和鸟纹下延至春秋甚至更晚，饕餮纹或其变异形态在汉代也时有所见。饕餮纹和象鼻龙纹在西周后一般都变成了窃曲纹，鸟纹基本保持了原貌。

青铜器纹饰的发展历程

据考古发掘可知，与夏朝相当的二里头文化时期青铜器数量不多，器型也较简单，一般是小件青铜器。除了二里头遗址出土铜牌饰上有兽面纹（与商周饕餮纹不同），其他青铜器只有几何形纹饰。

青铜器上最早出现饕餮纹是在商代早期（图2.14）。郑州二里冈遗址是商代早期的都城所在，早期饕餮纹和青铜器大都出土于这里。

作为商周青铜器的主体纹饰，饕餮纹最集中的时期包括：二里冈期（商代早期）、殷墟期（商代中晚期）和西周初期（图2.15）。尤其殷墟期青铜器

[①] 本节只介绍青铜器纹饰，其他如陶器纹饰、玉器纹饰等将在本书其他章节中涉及。

图 2.14　商代早期饕餮纹

器形厚重、装饰华美,形成了层次分明、富丽繁缛、神秘而具有恐惧感的纹饰风格。

到西周中晚期,饕餮纹的主体地位为窃曲纹所取代;东周时期,青铜器动物图案有所复兴但其样式、功能和意义已与商代及西周早期大不相同。西周后期至春秋①前期流行简省动物纹,包括窃曲纹(或穷曲纹)、鳞纹、环带纹等,有一定的神秘感,但恐怖氛围几乎不存。

图 2.15　商周青铜器饕餮纹

春秋中期以后,各国青铜礼器形式化、仪式化更为明显。没有生气的蟠螭纹、蟠虺纹(图 2.16-2.17)等取代了以往流行的窃曲纹、鳞纹、环带纹,同时写实性纹饰如植物纹、动物纹、几何纹以及狩猎、攻战、采桑、宴乐、建筑等纹饰大量出现。

战国晚期,作为祭祀之用的青铜器基本走到尽头,青铜礼器为生活实用器所取代。素面或弦纹成为青铜器纹饰的主流,仅少量高等级贵族墓出土铜器还有精美纹饰。

---

① 我国历史,周代分为西周(前 1066—前 771 年)、东周(前 770—前 256 年),东周开始至秦又分为春秋(前 770—前 476 年)、战国(前 475—前 221 年)两个时期。

第二章　形神兼备：青铜时代的纹饰威武

图 2.16　春秋战国时期青铜器蟠螭纹（倪玉湛）

图 2.17　春秋战国时期青铜器蜓虺纹（倪玉湛）

青铜器纹饰的主要类型

1. 饕餮纹（兽面纹）

考古学家陈公柔、张长寿将商周青铜器饕餮纹称为兽面纹，并将它们分为四个类别：独立兽面纹、歧尾兽面纹、连体兽面纹和分解兽面纹。商代早期有前三种兽面纹，只缺分解兽面纹。独立兽面纹即典型的"有首无身"饕餮纹，其出现年代较晚，一般认为它们是由歧尾兽面纹和连体兽面纹演变而成。

商代早期饕餮纹（兽面纹）较简洁，其两侧常配置夔龙纹，而且一般都与兽面连在一起，没有地纹。它们多呈带状长条，且上下夹以联珠纹（图2.18）。

商代中期饕餮纹在线条和结构方面都更为复杂，纹饰更加精细、繁缛，尤其突出兽目，炯炯有神的双目使其产生强烈的神秘气氛。除了兽面五官部位和两侧的夔龙纹或凤鸟纹，其余部分常用大量回曲形的雷纹和并列的羽状纹构成。出现了两层花纹，纹饰更具浮雕效果（图2.19）。

图2.18　商代早期饕餮纹

图2.19　商代中期饕餮纹

商代晚期至西周早期青铜器纹饰达到巅峰时期，饕餮纹也最为发达，主要有三种类型：形象具体的、肢体省略的和变形的。形象具体的饕餮纹最为常见，肢体省略者即典型的"有首无身"饕餮纹。饕餮纹的角型变得明显，且多种多样各不相同，有些饕餮纹的觚角十分夸张突出，甚至占到饕餮纹面积的一半（图2.20）。此期纹饰常用平雕和浮雕相结合的手法制作，三层花纹①普及。

西周中期饕餮纹发生巨变，图案趋向于抽象化、几何化，具有瓦解的倾向。中期以后，饕餮纹一蹶不振，绝大多数消失，仅存个别变异纹饰也似是而非，没有生气。同时，窃曲纹、鳞纹、重环纹、环带纹（波曲纹）流行起来。

---

① 商代晚期青铜礼器的器表花纹具有通体装饰的特点，流行平雕、浮雕与线刻相结合的手法，习称"三层花"。这种装饰手法使浮雕图像能够从周围的云雷地纹中凸现出来，富有立体感。

第二章 形神兼备：青铜时代的纹饰威武

图 2.20 商代晚期大角饕餮纹

2. 夔、夔龙与龙

夔、夔龙与龙纹是青铜器常见纹饰，尤其夔纹（夔龙纹）是仅次于饕餮纹的著名纹饰，很多时候也是饕餮纹的组成部分。

夔或夔龙这个称谓，来自于"夔一足"神话。在先秦文献中，夔是一种传说动物，只有一足。宋代金石学家据此将青铜器上看起来只有一足的动物纹及相似纹饰都称为夔，后人编造"龙生九子"神话，夔也是九子之一夔龙。故青铜器上看起来只有一足的动物纹都被称为夔或夔龙。

马承源认为青铜器上被称为夔的动物纹，实际上还是双足，只是其侧面形象看起来像一足。所以他不用夔这个名称，而将所谓夔、夔龙仍然称为龙。

实际上龙纹多细长，夔纹多刚形转折的角（图 2.21），夔龙纹似乎介于二者之间（图 2.22）。

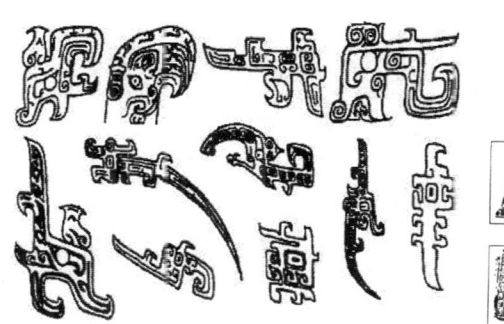

图 2.21 殷墟青铜器夔纹（岳洪彬）

图 2.22 商周青铜器夔龙纹（曾曦）

— 75 —

3. 鸟纹

青铜器鸟纹出现于商代晚期，至西周中期后开始没落。鸟纹式样繁多，就其外形可分为小鸟纹、大鸟纹和长尾鸟纹三类（图 2.23）。

图 2.23　青铜器鸟纹举例：左上小鸟纹，左下长尾鸟纹，右大鸟纹（倪玉湛）

小鸟纹：小鸟纹有多种不同样式，最早出现在殷墟时期。早期小鸟纹常装饰于青铜器的颈部、肩部，作辅助纹样；到殷墟三期，小鸟纹开始成为青铜器主题纹饰。

大鸟纹：大鸟纹最早出现于商末，盛行于西周早期。它一开始就被用作主题花纹，占据了青铜器的主要部位，其特点在于有华丽的冠羽。其构图都是作两鸟相对状，大都瑰丽多姿，形态各异（图 2.24）。

图 2.24　西周中期豐卣腹部凤鸟纹

长尾鸟纹：西周早期长尾鸟纹较为流行，鸟身较短小，身后拖着细长而卷曲的尾羽。它们大都装饰在青铜器口沿下、腹上部或圈足上作为辅助纹饰，也有不少铜器以长尾鸟纹为主要纹饰。

4. 窃曲纹

窃曲纹是流行于西周中晚期青铜器上的主要纹饰（图2.25）。

图 2.25　西周青铜器窃曲纹

其名称源于《吕氏春秋》的描述："周鼎有窃曲，状甚长，上下皆曲，以见极之败也。"研究青铜器的学者因此把一些以抽象曲线为主而构成的纹饰称为窃曲纹。

一般认为窃曲纹是由饕餮纹（兽面纹）演变而来，当然也有各种不同的认识。

如彭裕商认为窃曲纹可分为有目与无目两种。有目者又可分为两大类：一类是兽目与其他线条相分离，它们由分解式饕餮纹演变而来；另一类是兽目在线条之中或与线条相连，是象鼻龙纹的变形。

马承源认为，窃曲纹实际上是从具有浓厚宗教信仰气氛的兽面纹蜕化而成的变形兽面纹。所以他将其分别归入变形兽面纹、兽目交连纹、兽体卷曲纹等，而不用窃曲纹这个名称。

5. 其他纹饰

青铜器还常见波曲纹（环带纹）、鳞纹、象纹、蝉纹、蟠螭纹、蟠虺纹、云雷纹、三角纹、叶状纹、人物画像纹以及一些不知名的动物纹等等。

其中波曲纹、鳞纹（图2.26-2.27）与窃曲纹一样，都是流行于西周后期-春秋前期的主要纹饰。

图 2.26　青铜器波曲纹　　　　图 2.27　青铜器横鳞纹

第二章 形神兼备：青铜时代的纹饰威武

青铜时代谜团：
龙虎凤、猪牛羊？

青铜器纹饰以动物纹为主

大体上，中国远古纹饰以几何形纹饰为三、动物纹植物纹次之，其他类型的纹饰如表现自然现象、日常生产生活的纹饰再次之。

与远古不同，以青铜器纹饰为代表的青铜时代纹饰，是以动物纹（包括神化、幻想化的动物纹）为主，其他纹饰较少。尤其商周时期，青铜器纹饰大部分是各种动物纹和幻想动物纹，少部分是各种几何形纹饰，其他类型纹饰少见。这种情况到春秋战国才开始有所变化，但动物纹始终占据青铜器纹饰的首位。

岳洪彬将殷墟青铜礼器纹饰分为两大类：一类是动物纹，一类是几何纹。动物纹常见的有兽面纹、夔纹、鸟纹、蝉纹，另外鸮纹、虎纹、龙纹、鱼纹、龟纹、蚕纹、象纹等也时有所见。马承源主编《中国青铜器》认为，除了饕餮纹、夔龙纹、凤鸟纹这三类幻想动物纹，马牛羊、鸡犬豕等六畜，象、鹿、犀、虎、兔等野生动物和一些变形的动物如长鼻兽、蜗身兽等是青铜器动物纹的主体，还有一些小动物纹饰如蛇、蝉、鱼、龟、蟾蜍等。

龙、凤、虎是中国古代文化最有代表性的动物和文化符号，商周青铜器也常见。其象征或寓意与我们已知的常识，可能有同有异，举例说明如下：

商代晚期铜壶，其提梁的两端做成龙首，提梁成为龙身，说明龙的地位并不高或者不都是高大上的形象（图2.23）。商代晚期铜觯，器身正背两面饕餮纹之间铸高大的凤鸟纹，器座部分铸成对夔纹，器外底铸蟠蜷的龙纹

（图2.29-30；彩图5-6）。这个位置关系似乎说明在商代晚期，饕餮纹与凤鸟纹、夔纹、龙纹的地位，渐次降低。器底龙纹（龙头内卷，没有攻击性）长期处于被压制的阴暗环境，说明龙可能是被控制的对象。商周时期，龙还没有后来那样唯我独尊的地位，其重要性不及饕餮纹与凤鸟纹。

图2.28 商代晚期铜壶　　图2.29 商代晚期铜觯　　图2.30 商代晚期铜觯外底蟠龙图

西周早中期凤鸟纹地位很高，以父庚壶和孟簋为例：父庚壶颈部凤鸟纹，头上有夸张的花冠，尾部连接多重夔龙形的勾卷纹（图2.31）；孟簋凤鸟纹，头上有夸张变形的羽冠，其中一支为夔龙形，反卷至胸腹部前，脚爪为夔龙形，尾后也有龙蛇形和夔纹（图2.32）。西周中期，凤鸟纹的地位超过饕餮纹，成为最尊贵的青铜器纹饰。

图2.31 西周父庚壶凤鸟纹　　　　图2.32 西周孟簋凤鸟纹

第二章 形神兼备：青铜时代的纹饰威武

殷墟出土虎食人纹铜钺，一个人首在两个巨大的虎口之间，只有被吞噬的命运（图2.33）。钺是象征军事指挥权的兵器和礼器，铸双虎食人头纹饰，显然是一种比喻和象征，也可视为一种比拟巫术行为。其意图都一样：我方军事威武，敌人不堪一击。

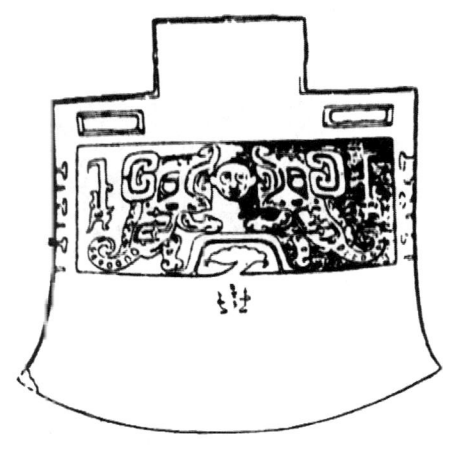

图2.33 虎食人纹铜钺

青铜器动物纹的意义是什么？

青铜器纹饰为什么以动物纹为主？其性质如何界定，有什么功能和意义？

马承源认为，从商代到西周早期青铜器纹饰以兽面纹（饕餮纹）占有突出的统治地位，与当时的宗教思想有密切联系，并视其为对"自然神"的崇拜。具体是什么，尚未言及。

杨晓能认为青铜器纹饰是"泛神动物"崇拜的概括式图像化，它将各种远古始祖、守护神灵、民间膜拜对象、自然神祇集于一身，成为世上所有神灵和各部族传说始祖形象的集中体现。这种认识的疑问在于：首先，要论证各种动物图像是各部族的始祖形象很困难。其次，据文献记载，夏商周祭祀的祖先神灵各不相同，而且都与饕餮纹、夔纹等无关。

据段勇研究，商周青铜器最显赫的纹饰兽面纹（饕餮纹），它们的角（耳）主要有三大类，即牛角、羊角和猪耳（图2.34-36）。牛羊猪都是商周祭祀活动中使用的牺牲，不是统治者崇拜的神灵，更不是其祖先或图腾。

张光直认为青铜器动物纹是协助巫师上天入地，沟通天地、人神两界的法力助手。这种认识的问题在于：其一，铸有饕餮纹的青铜器一般是尊贵的礼器，饕餮纹本身有可能是受祭对象；其二，饕餮纹等传播的时空范围都很广大，那些巫师和巫术都一样吗？其三，饕餮纹后来演变成窃曲纹，又怎么协助巫师上天入地？

— 81 —

图 2.34　头上为牛角的兽面纹

图 2.35　头上为猪耳的兽面纹

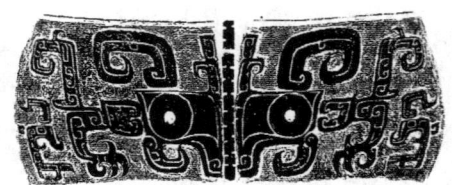
图 2.36　头上为羊角的兽面纹

《左传》记载王孙满答楚庄王问鼎时曾说,禹铸九鼎汇集各种动物图像是为了让老百姓认识它们,以明辨是非、善恶,趋利避害。故有学者从这个角度解释青铜器动物纹。这种理解也有疑问:一是青铜器上善、恶两个方面的动物纹都很不完善,尤其是野生动物类。二是铸饕餮纹的青铜器不是普通民众和下层人能够经常见到、随便见到的,它们不是为民众制作的。三是王孙满的话未必可信,从考古发掘和研究看,大禹时代铸九鼎是不可能的。

殷墟出土两件器型高大的牛鼎、鹿鼎(图2.37-38;彩图8-9),陈梦家认为牛鼎专门用来装祭祀用的牛肉,鹿鼎用来装祭祀用的鹿肉。张光直也曾产生类似的设想。但是,即使牛鼎装牛肉、鹿鼎装鹿肉没有问题,这个设想也不可能推广到其他青铜器及其纹饰:铸饕餮纹的青铜器未必要装根本不存在的动物"饕餮"或者夔龙、凤鸟以及龙虎凤、牛羊猪之类的混合物?

第二章　形神兼备：青铜时代的纹饰威武

图2.37　商代晚期牛方鼎　　　　　图2.38　商代晚期鹿方鼎

现有各种理解都不能合理地解释青铜器动物纹的功能和性质。如果考虑到商周青铜器的动物造型（如酒樽制作成象、犀、虎、牛、羊、凤、怪兽等形状）以及商周玉器等其他质地器物上的动物纹，它们就不可能用同样的一种功能或性质给予合理解释。

各种不同类型的动物纹

面对纷繁复杂的青铜器动物纹及其造型，可将其分做三大类别进行考察：
一是现实中不存在的幻想动物纹，包括饕餮纹、夔纹、龙纹、凤纹等，它们是青铜器纹饰中最重要的部分；二是现实中确实存在的各种动物，其数量也不少；三是以动物为造型的器物（图2.39-40）。当然这其中还有交叉，如饕餮纹中有各种现实动物的成分，有些现实存在的动物如虎、鸟、龟也可能是星象和天象的象征物。

按照这样的思路，如果牛鼎装牛肉、鹿鼎装鹿肉没有问题，那么牛鼎、鹿鼎上的牛、鹿纹饰与饕餮纹就不可同日而语，牛、鹿动物纹就不是受祭的对象。

青铜器上很多现实生活中存在的动物图像可能仅仅是因为装饰而存在。

如果青铜器在使用过程中与纹饰一起塑造的是一个天国、神圣境界，那么所有相关的动物造型和动物纹也就具有了相同的性质和意义。

那些动物造型的青铜器，大多数没有纹饰或纹饰很少者，不妨视为创意、情趣之作，如旧金山亚洲美术馆藏犀牛尊（图2.40）、辽宁出土西周鸭尊、山西出土雁形铜盉（图2.41）等等。

图 2.39　商代晚期猪尊（湖南出土）　　图 2.40　犀牛尊（旧金山亚洲美术馆藏）

以动物造型的青铜器有些也是重要的礼器，它们有复杂的纹饰甚至有饕餮纹。如著名的虎食人卣（图2.42）、妇好墓出土鸮尊（图2.43）、一些被称为"牺尊"的青铜器（图2.44）等等。其造型和纹饰的象征意义都需要专门研究。

图 2.41　西周雁形铜盉　　图 2.42　虎食人卣（巴黎塞努奇博物馆）

第二章　形神兼备：青铜时代的纹饰威武

图 2.43　鸮尊（妇好墓）

图 2.44　西周铜牺尊

青铜时代谜团：饕餮纹、兽面纹？

神话与传说中的饕餮

古籍中多处提及饕餮，早先似乎是人，后来才演变为神话动物。

《左传·文公十八年》说，饕餮是黄帝族缙云氏的一个不成器的后人，他贪食贪财，以至于"不分孤寡，不恤穷匮"，天下人都把他与另外三凶混沌、穷奇、梼杌（táowù）相提并论。到尧舜时代，饕餮等四凶都发展成了族群，为了使中原不受其害，尧舜将他们流放到边疆地区。

《吕氏春秋·恃君》说饕餮、穷奇就住在"雁门之北"荒野之地。但是《吕氏春秋·先识览》又说："周鼎著餮餮，有首无身，食人未咽，害及其身，以言报更也。"饕餮又是一种"有首无身"的神怪动物，因贪婪到"食人未咽"，把自己给噎死了。

《史记·五帝本纪》继承了《左传》的说法。

明代编造出龙生九子的故事，饕餮就是九子之一，显然更加离奇古怪、荒诞不经了。

是饕餮纹还是兽面纹？

表现怪兽头部或以怪兽头部为主的动物纹是商周青铜器纹饰的主体，它们大多是一副狰狞恐怖的形象。最早将它们与饕餮联系起来的是《吕氏春秋》，即"周鼎著餮饕"那段话。

宋代金石学者根据《吕氏春秋》那段话直接将青铜器上那些表现怪兽头部或以怪兽头部为主的动物纹命名为饕餮纹。至今，人们仍习惯于这样的称呼。

中国考古学的奠基人之一李济不赞同饕餮纹这种称呼。他将殷墟青铜器上表现怪兽头部或以怪兽头部为主的动物纹称为"兽面纹"，其中一部分是"有首无身"（图2.45），另一部分则是"连体兽面纹"（图2.46）。连体兽面纹"主要的表现都是一个向前正视的面孔，左右伸出两长条后卷的躯干，有时下带二爪，作对称的安排"，并非"有首无身"。

图2.45 青铜器饕餮纹

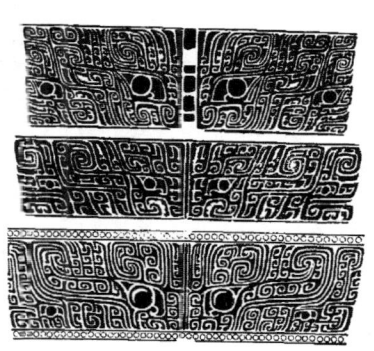

图2.46 连体兽面纹

根据李济对51件有纹饰的殷墟青铜器的统计，各种连体兽面纹出现36次，而非连体的兽面纹只见9次，为前者的1/4。即"有首无身"者远少于有首有身者，说明"饕餮纹"不是一个很恰当的名称。

马承源继承了李济的认识，以"兽面纹"取代传统的"饕餮纹"之称。他说："在大量的兽面纹中，有首无身都是在纹饰发展阶段中较晚的简略形式，殷墟中期以前绝大多数的兽面纹都是有首有身。"

曾曦研究殷墟出土21件圆鼎兽面纹，认为真正"有首无身"的只有一件，其他均有躯干。他认为兽面纹分别是夔龙纹、爬虫纹与肥遗纹的分体组合，"三种内容的动物纹饰都有从两个侧面演进到一个正面的趋势……"因此推论饕餮纹之正面图像应是两个侧面图像演进而来（图 2.47-48）。

图 2.47　两个动物侧面合成一首双身兽面纹

图 2.48　两个动物侧面的头部合成一个动物头部的正面

如此看来，饕餮纹、兽面纹也可等同视之[①]。

兽面纹最显著的特点，就是位于鼻脊两侧对称的巨大双目。其炯炯有神的双目，配上一个狰狞怪异的脑袋，又加口、鼻朝地作匍匐状，一见之下即令人生畏！

兽面纹（饕餮纹）的分类

马承源认为"角型的不同是划分兽面纹类型的一个最重要的标志"。他将青铜器兽面纹分为外卷角、内卷角、分枝角、曲折角、长颈鹿角、虎头角、牛头角、变形兽面纹等八类。他这种划分，实际上没有区分"有首无身"与"有首有身"。

张光直将青铜器兽面纹分为两大类：第一类是独立的兽头，第二类是兽

---

① 为行文方便和便于一般读者理解，本书并不严格区分饕餮纹、兽面纹这两个称谓，一般情况下仍使用"饕餮纹"或二者等同使用。

头连身。又在其中细分出 119 种不同的型式，不过基本的还是"有首无身"（独立的兽头）、"有首有身"（兽头连身）两大类。

陈公柔、张长寿将兽面纹分为独立兽面纹、歧尾兽面纹、连体兽面纹和分解兽面纹四类（图 2.49），其中独立兽面纹没有躯干即"有首无身"的饕餮纹，分解兽面纹即兽面纹的器官处于肢解状态，只是保留了其相对位置关系。

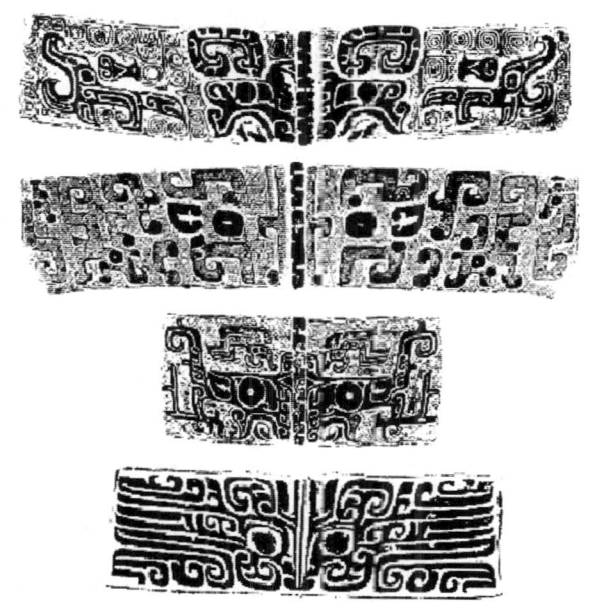

图 2.49　兽面纹分类

（自上而下：独立兽面纹、分解兽面纹、连体兽面纹、歧尾兽面纹）

岳洪彬依据有无躯体等风格特征，将殷墟青铜器兽面纹分为三类：一首双身、有首无身和怪异兽面纹。他将歧尾兽面纹和分解兽面纹都归入了一首双身兽面纹，而他说的怪异兽面纹有的就是夔纹。

段勇根据兽面纹角（或耳）的不同形状，将兽面纹分为主要的三类，即牛角类、羊角类、豕（猪）耳类，另外有少量属于混合变形类。如果这个分类符合实际，将有助于商周青铜器兽面纹文化内涵的解读。

上海博物馆藏一件商代晚期青铜觚，其兽面纹的主体由两个夔纹合成，但它们是倒立的形态（图2.50），属于段勇所称混合变形类。

图2.50　商代晚期变异兽面纹

饕餮纹（兽面纹）的象征意义

关于饕餮纹的文化内涵或象征意义，长期以来众说纷纭、莫衷一是。

早在春秋，《左传》记载王孙满答楚庄王问鼎，称"昔夏之方有德也，远方图物，贡金九牧，铸鼎象物，百物为之备，使民知神奸。故民入川泽山林，不逢不若。螭魅罔两，莫能逢之。用能协于上下，以承天休"。

这段话说大禹在青铜鼎上铸动物纹是为了让老百姓知道什么是有益的、什么是有害的，在野外可以规避有害的动物或妖魔鬼怪。大禹因此能够得到天帝授权，治理天下自然协和。

之后《吕氏春秋》说"周鼎著饕餮，有首无身，食人未咽，害及其身，以言报更也。"饕餮被明确为一种贪婪到"食人未咽"、害人害己、罪有应得的贪恶形象，有戒贪的意思。

现当代国内外学者探讨饕餮纹寓意的不在少数，国外如——

沃特伯里（1942）认为商代青铜器兽面纹均为虎的形象，虎因具有驱邪及保护农业的作用而成为商人最重要的保护神。

阿克曼、伯耶（1945，1955）等认为青铜器的形制、纹饰及器物组合均

第二章　形神兼备：青铜时代的纹饰威武

反映了中国古代的阴阳观念，例如牛、羊、鹿、虎、鸟、蛇等动物纹饰分别代表阴或阳。饕餮纹通常由左右两部分合成，象征阴阳相对。

万孝臣（1952）认为青铜器兽面纹应是代表远古传说中的怪兽，其含义已难为后人所知。

张光直（1963）认为青铜器动物纹起着协助巫师或萨满沟通人、神两界的作用，张开的兽口在很多文化中都象征着通往另一个世界的通道。

罗越（1968，1980）认为青铜器动物纹由几何形纹饰演变而来，它们只是纯粹的装饰，没有任何确切的含义，不具有任何宗教的、社会的或神话的含义。

林巳奈夫（1984）认为青铜器饕餮纹是甲骨文和金文中"帝"的形象，其渊源可追溯至河姆渡文化中太阳纹与鸟纹的组合图案。

国内如——

马承源（1984）认为青铜器兽面纹与当时的宗教思想有着密切的联系，反映了当时人们对自然神崇拜而产生的神秘和肃穆的气氛。

刘敦愿（1994）认为兽面纹不是"有首无身"而是"以首代身"，它们在先民心目中具有辟邪厌胜、镇恶驱鬼的功用。

段勇（2003）认为兽面纹的原型应当是牛、羊、豕等祭牲，它们既是奉献给上帝之牺牲，又是受祭对象，因为它们是沟通人、神最基本的媒介，但其终极象征也应是"帝（上帝）"。

赵世超（2004）认为铸在铜器上的兽面就是"铸鼎象物"的物，它们是贪婪的吞食者和人类的敌人，是需要控制和镇压的对象。

饕餮纹（兽面纹）的消失和去向

一般认为，饕餮纹到西周中晚期后发生变异、逐渐消失。但是从春秋战国甚至秦汉器物纹饰来看，饕餮纹并不是消失得无影无踪，甚至其遗存和变异图像到汉代也十分明显。

饕餮纹的后续情况主要有三种：一是成为简化或变形的兽面纹，二是演变为窃曲纹,三是演变或影响到铺首图像。

燕下都遗址出土战国时期瓦当常见饕餮纹的简化图像,而陶鉴腹部的兽面纹与商周青铜器饕餮纹差异很小(图 2.51-52)。陕西韩城梁带村出土春秋早期铜钲、铜尊等都有简化的兽面纹(图 2.53)。

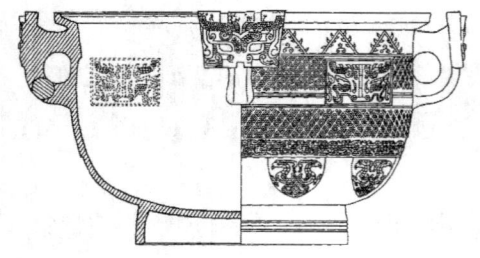

图 2.51 燕下都出土陶鉴

图 2.52 燕下都出土陶鉴兽面纹

图 2.53 陕西韩城出土铜钲兽面纹

马承源认为自西周中晚期开始出现的窃曲纹是动物纹样的变形,彭裕商进一步对窃曲纹分类,认为其中一部分由饕餮纹演变而来。窃曲纹这个名称,源于《吕氏春秋》语:"周鼎有窃曲,状甚长,上下皆曲,以见极之败也。"意即某物发展到尽头、出现败象,与饕餮纹演变成窃曲纹的认识能够吻合。

一般认为铺首流行于汉代及以后,实际上春秋战国青铜器等已常见兽首衔环装饰。如燕下都出土陶鉴,腹部饰饕餮纹,器耳又饰铺首衔环式兽面纹,二者十分接近。春秋战国这种兽首衔环装饰应是饕餮纹与汉代铺首之间的一个过渡形态。

青铜时代谜团：三星堆、大洋洲？

神秘而深邃的中国青铜时代文化和青铜器纹饰给我们留下太多的不解之谜，除了商周统治的中心区域——中原腹地和渭水流域，其外围甚至边远地区还有不少同时代有影响的青铜文化，如汉口盆地有"城固铜器群"、湘江流域有"宁乡铜器群"，西南地区有四川三星堆、东南地区有江西新干大洋洲青铜文化。其中尤以三星堆和大洋洲出土青铜器及其纹饰最富神秘感和文化魅力。

三星堆青铜器及其纹饰

四川广汉三星堆遗址发现于 1929 年，之后历经多次发掘，出土大量陶器、石器、玉器、铜器、金器。尤其是 1986 年意外发现两处埋藏丰富的器物坑，出土大量造型独特、雄奇诡异的青铜器，震惊了海内外学术界甚至整个世界！

专家认为，三星堆是古蜀国的一个古城遗址，其年代上至远古末期，下至商末周初，延续近 2000 年。两个器物坑出土文物数量巨大：一号坑出土各类器物 567 件，其中青铜器最多，达 178 件；二号坑出土各类器物 6095 件，也是青铜器最多，达 736 件。两坑出土青铜器、金器合计近 1000 件，创造了多项世界之最。它们代表了古蜀国文化所达到的最高成就。

三星堆青铜文明来自何处？目前众说纷纭、扑朔迷离，甚至有人猜想它们可能是外来文明！

1. 三星堆青铜器纹饰与中国文化

三星堆出土青铜器，其题材、造型和风格，大多数都与中原地区不一样，为中原地区所无。

如两坑出土54件青铜人像及面具（包括黄金面罩10多副），为中原地区和中国其他地区罕见；多种样式的青铜神树，都不是中原地区和中国的传统；各种造型的铜鸟以及人首鸟身像（图2.54；彩图7），也是中原所罕见。铜眼形器、轮形器等都为中原地区所无或者风格迥异。

三星堆青铜器仅有少数器型与中原夏商周青铜器相关，如铜牌饰、铜尊、铜罍。

但是从青铜器纹饰的角度考察，三星堆与中国文化的关系还是较为密切：

一部分青铜器纹饰与中国的文化传统密切相关，包括兽面纹、夔纹、弦纹、涡纹、四瓣花纹、云雷纹、目雷纹和鳞纹等，它们与中原地区青铜时代纹饰相同或相近。

图2.54　三星堆出土人首鸟身铜像

三鸟三羊尊腹部饕餮纹与中原地区商周饕餮纹相比，除了眼睛不突出，其左右对称的结构、匍匐而凶恶的形态、巨口两侧的前肢、头上的巨大弯角等都别无二致（图2.55）。而巨目阔口方脸形兽面铜像，其特别突出的双目

图2.55　三星堆出土三鸟三羊尊腹部饕餮纹

（图2.56），刚好弥补了三鸟三羊尊饕餮纹眼睛的不足。三星堆青铜器八角星纹（图2.57），也是中国从远古至秦汉的典型纹样之一。

图2.56 三星堆青铜神像

图2.57 三星堆青铜器八角星纹

对鸟的崇拜在中国古代文化中具有悠久的传统，鸟身人面神、神树等在先秦文献《山海经》里都有相关的传说资料。

据研究，三星堆出土青铜人像的装束也多与中国古代民族相关。

2. 三星堆青铜器纹饰与神话传说

三星堆青铜器造型和纹饰，有些与中国古代神话传说具有惊人的相似性。

如青铜纵目人像与传说中的蜀人祖先蚕丛：三星堆出土青铜纵目人像3件，都具有凸出的圆柱状眼球，长达10厘米或16厘米（图2.58-59）。《华阳国志》说："有蜀侯蚕丛，其目纵，始称王。""其目纵"即其眼睛是纵向的，有纵深感和凸出的特征，故大多数研究者都认为青铜纵目人像表现的是第一代蜀王蚕丛。一件人像的额际高耸着夔龙形装饰，其特征是反复塑造各种勾角（图2.58；彩图13），与中原地区青铜器纹饰相同相似。

图2.58 三星堆纵目青铜人像

又如青铜神树与建木、若木、扶桑神话：三星堆二号坑出土大型青铜神树，它由底座、神树和树上的龙三部分组成，高达 3.96 米，其中树干上段及龙身后段残缺（图 2.60）。经复原，全树计九个朝上的短枝，上面均站有立鸟，而朝下的长枝有十二个（图 2.61）。九枝九鸟，很容易让人想到中国古代的十日神话和金乌负日神话①；青铜神树与《山海经》里说到的建木、若木等神树都有一定的相似性。

图 2.59　三星堆纵目青铜人像

图 2.60　三星堆一号青铜神树残件

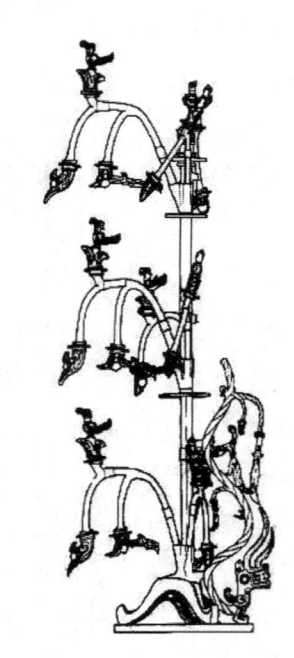

图 2.61　三星堆一号青铜神树复原图

---

① 《山海经》说，东方汤谷里有扶桑树，上面有 10 个太阳鸟，其中 9 个居下枝、一个居上枝，它们常在汤谷里洗澡。每天都有一只太阳鸟驮着太阳在天空上运行，10 只太阳鸟轮流进行这项工作。因为有 10 个太阳，酷热难当，所以后来被后羿射下 9 个，保留一个至今。

第二章 形神兼备：青铜时代的纹饰威武

大洋洲青铜器及其纹饰

1989年，江西新干大洋洲商代大墓出土青铜器达480余件，而且青铜器品种繁多、工艺精美，被认为是继安阳殷墟、广汉三星堆之后中国青铜器又一震惊世界的重大发现。

大洋洲青铜器不少都与中原商文化器物相同或类似，同时它又有鲜明的地方特色，如大量青铜农具为中原商文化所无。由于出土众多兵器，有些学者认为大洋洲商墓主人可能是商王朝派出镇守南方的军事首脑。

从纹饰的角度看，大洋洲青铜器除了具有中原商式青铜器的一些共有特征和因素如饕餮纹、乳钉纹或联珠纹、旋纹（云雷纹）等，也有不少自身特点和元素。如器耳上多附加虎、鹿之类动物造型或在器足上制作虎纹（或虎形夔龙），器物纹饰常见"燕尾形"做线性排列或成为主纹的边框（图2.62），青铜方鼎侧面饕餮纹常作双层、多重或四面皆是（图2.63-65），青铜镈钟满饰饕餮纹、勾角、燕尾纹等等繁复纹饰，以及头上长着一对弯角的青铜人面像（图2.66），为中原商文化所无。

图2.62 "燕尾形"纹饰边框

商代青铜器虎纹多出现于南方地区，尤其大洋洲青铜器虎形虎纹最为集中，其数量最大、造型和样式最为丰富。一件伏鸟双尾青铜虎，为迄今所见中国古代最大的青铜虎，其四腿上部饰大型的旋涡纹——即阴阳两仪太极图式，以彰显老虎及其腿部的威力（图2.67）。

据学者研究，商代甲骨文中的"虎方"是当时南方的一个方国（地方政权）。大洋洲青铜器对虎形、虎纹的偏爱，成为其标志性文化特征，令一些学者主张江西鄱阳湖地区就是商代"虎方"所在地。

图 2.63　大洋洲青铜方鼎
正背面饕餮纹

图 2.64　大洋洲青铜方鼎
侧面饕餮纹

图 2.65　大洋洲青铜方鼎饕餮纹

图 2.66　大洋洲戴角青铜像

图 2.67　大洋洲出土青铜立鸟双尾虎

第二章 形神兼备：青铜时代的纹饰威武

青铜时代谜团：
无所不在的勾角

商周青铜器纹饰中有各种不同的勾角、分叉形纹饰。无论饕餮纹、夔龙纹、凤鸟纹或是其他纹样，勾角和分叉的勾角处处可见，甚至可以说饕餮纹、夔龙纹、凤鸟纹主要就是由各种程度不同、样式不同的勾角组成，除了其体躯、器官大多数制作成勾角样，用作填充空隙、起陪衬作用的"云纹"也多是一些勾角或其变形。此外还有一些主题纹饰是以各种勾角或其变形纹饰为主，它们既是形式也是内容。

这里介绍和探讨两种有规律性的勾角及分叉形纹饰：一是饕餮纹额上的角形分叉，一是商代晚期至西周中期青铜器龙凤纹上的角形分叉，它们可能与整个纹饰的象征、寓意密切相关。

饕餮纹额部对称的角形分叉

饕餮纹额部或其上方常有对称的弯角或羽状纹饰：它们以兽面的鼻脊线为对称轴，下端紧靠额部，一般有旋涡状结构；上端为分叉式向两侧铺展，其尾部为尖角形，其数量有一、二、三、四列等不同情形，少者就是对称的弯角，多者形如排列整齐的羽毛（图 2.68-69）。其含义或寓意应该是一致的。

饕餮纹额上这种弯角或羽状纹饰不是头上的角，它们一般都是在两个角之间。

西周晚期芮公壶，兽面头上直接用线纹塑造一个丫形。两个分叉各有三条弧形线，犹如兽头生长的毛发（图 2.70）。新干大洋洲出土商代玉饰，其神人兽面头上高冠作流线型左右对称分叉,与饕餮纹额上对称的弯角或羽状纹饰神似(图2.71)。湖北石家河文化出土远古玉神面,其头上高冠亦作同样形制(图2.72)。

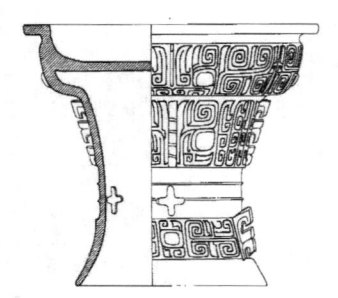

图2.68 新干大洋洲出土铜豆

图2.69 小屯出土青铜器兽面纹

图2.70 西周晚期芮公壶

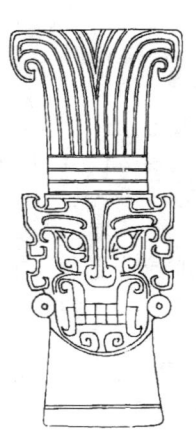

图2.71 新干出土玉神面

这些兽面与高冠、羽状纹饰结合的造型,可以帮助说明饕餮纹额上对称的弯角状或羽状纹饰,的确应该理解为毛发、羽冠或者是象征它们。

饕餮纹与良渚玉器"神徽"具有一定亲缘关系,为不少学者所认识。将

第二章　形神兼备：青铜时代的纹饰威武

良渚"神徽"（图 2.73）与部分带"羽冠"的饕餮纹（图 2.74）进行比较，可发现其共性：羽冠、兽面的暴眼、阔口及蹲伏的前肢。良渚"神徽"的神人为斗形方盒，象征北斗神；带"羽冠"饕餮纹，其羽冠中央也塑造一个斗形（或与鼻脊线相连构成酒杯形），它也可能寓意和象征北斗。

图 2.72　石家河文化玉神面

图 2.73　良渚玉器"神徽"

图 2.74　商代青铜器饕餮纹

"羽冠"较明显且中间有斗形的饕餮纹，也见于殷墟宫殿遗址出土青铜瓿、汉中出土商代中期兽面纹卣及商代晚期青铜瓿等。如果认为商周青铜器各式饕餮纹其寓意应该一致，那么饕餮纹额部这种对称的弯角状或羽状纹饰可能透露了其象征意义的秘密，即它们可能寓意北斗大神①。

① 参考本书第三章之《饕餮纹的秘密：北斗星君才是最高天神》。

青铜器龙凤纹上的角形分叉

商周青铜器有一种角形纹饰比饕餮纹额上的弯角状或羽状纹饰更为普遍，其基本构形为一对弯角，以互相背对的方式存在于各种器物和纹样中。尤其是自商代晚期开始出现的垂冠长尾凤鸟纹，其垂冠和长尾上明确配置这种成对弯角；这种装饰到西周中期达到鼎盛，以凤鸟纹为主但不限于凤鸟纹。

从西周中期开始，凤鸟纹取代饕餮纹成为最主要的青铜器纹饰，其重要性超过饕餮纹。从商代晚期至西周中期的垂冠长尾凤鸟纹，采取夸张、浪漫的创作手法，竭尽所能地渲染凤鸟的巍峨、华美、灿烂。为表现其威武，常把凤鸟的冠、尾塑造得极其夸张、变形，巨大的凤冠反卷至鸟纹胸前腹下，巨大的凤尾从正常鸟尾处开始构画一个勾卷旋涡纹样，占据整个凤鸟纹一半以上空间。

在这种夸张、变形的凤鸟纹中，一对相背的弯角是其冠、尾上的必备装饰。如微氏家族丰尊腹部的凤纹，其分叉的冠、尾上都各有一对相背的弯角（图2.75-76）；丰卣腹部凤纹与丰尊大体上一致，而其盖面则以龙凤结构成阴阳互抱式纹样作具有对称关系的二方连续排列，龙（螭龙）身上有两对相背的弯角（图2.77-78）。

图2.75　西周中期丰尊

图2.76　西周中期丰尊腹部凤纹（局部）

图2.77　西周中期豊卣腹部凤纹　　　图2.78　西周中期豊卣盖面龙凤纹

西周中期追簋腹部用两个具有对称关系的凤鸟纹结构一个抽象兽面纹，凤鸟纹反卷的长冠上各有一对相背的弯角；其方座上饰具有对称关系的龙纹，龙纹反卷过头的长冠上也各有一对相背弯角（图2.79-80）。龙纹加凤冠，这是表现龙凤合体的一种新的方式。

图2.79　西周中期追簋　　　图2.80　西周中期追簋方座侧面纹饰

在自然界，凤鸟是没有角的，凤冠和凤尾上更不可能有角；人们想象中的神话动物龙有角，但是龙身则没有角。在不可能有角的动物身上塑造一对对具有相背对称关系的弯角，是一个奇怪而难解的现象，必有缘由。

俗语说"头上长角，身上长刺"，是指不好对付的狠角色。凤鸟本祥瑞之物，鸟儿乖巧可爱，在其羽、冠上附加想象中的弯角，可能是增加其不可侵犯的威势——虽然我们现在看来毫无意义，可是在古代人那里、在原始巫术心理和行为里，它应当是一种具有良好心理效果的行为和做法。商周青铜器各种纹饰及器物装饰中角形泛滥可能与这种巫术心理和行为有关。

有意思的是，进入春秋战国，随着饕餮纹、夔龙纹、垂冠长尾龙凤纹的解体，青铜器上泛滥的角形纹饰也锋芒不再。诸侯争霸，靠的是实力而非神秘专制的神权垄断与礼制，故商周统治者那些忽悠自己人和别人的把戏玩完。

青铜器纹饰中的其他勾角

殷墟青铜器夔纹给人的印象满身是角，它们几乎就是由角构成的（图2.81）。

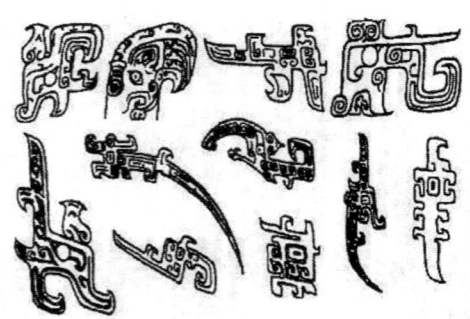

图2.81　殷墟青铜器夔纹

殷墟青铜器八角星纹，其四正方向上的一对弯角与商周青铜器龙凤纹饰中相背弯角几乎完全一致，二者可能有文化上的关联（图2.82）；商代青铜钺两侧的扉棱，为成对相背的折角形，虽然是直角但其与动物纹饰中相背弯角可能有寓意和文化上的一致性（图2.83）。

商代还有头上长着一对角的青铜人像（图2.84），尤其大洋洲出土双面神人头像，其头上长一对相背的弯角（图2.85）。殷墟妇好墓出土商代后期跽坐玉人像，腰后插一件宽柄器，器尾也为弯角分叉式（图2.86）。有学者根据玉人的头饰、服饰研究，认为其身份当为贵族，说明尾端为弯角分叉的宽柄器具有一定的社会地位、身份或权力象征意义。

第二章 形神兼备：青铜时代的纹饰威武

图 2.82　殷墟青铜礼器八角星纹

图 2.83　商代青铜钺

图 2.84　商代青铜人像

图 2.85　大洋洲青铜人像

图 2.86　妇好墓出土玉人

以上的弯角形装饰和结构，在文化和寓意上可能具有关联性。

除了"云纹、云雷纹"，青铜器勾角纹饰主要有三类：一是单个的勾角，二是成对的勾角，三是饕餮纹额上那种类似羽冠的勾角。这些勾角可能各有来源和寓意，当然也不排除其间可能有交叉、融合的地方。

第三章
三代流芳：
夏商周纹饰隐情秘义

道生一，一生二，二生三
三生万物
太极生阴阳，阴阳生四象
四象生八卦，八卦生万物
古往今来的秘密
东西南北的纷纭复杂
上帝说：我心中有数

任凭你岁月流逝
任凭你黄土淹埋　时过境迁
纹饰
是藏不住的蛛丝马迹
逐鹿中原　问鼎天下
终归要拼得那君权神授
天命所至　才是王道

古代纹饰秘密：
数量关系就是通天大道

识读和理解古代纹饰的一个可靠路径和基础就是分析器物纹饰整体上的结构和数量关系，尤其是具有严密数量关系设计的器物纹饰，它们的寓意或文化内涵表达一般是可靠的，甚至可以得到多方面的互相印证。这类器物纹饰或遗迹，从远古到秦汉都普遍存在，而且它们总是跟古代天文历法和易学的基本知识和常数相关。

通过这类典型器物纹饰或遗迹的认读，可以了解和熟悉古人的思维以及非文字的文化表达方式及其特点，也可以确切地知道和掌握一批纹饰的意思表达——而且它们大体上很稳定，从远古一直到秦汉。这样，它们就成为释读和理解其他相关纹饰的一个可靠基础。

以下选择夏商周-春秋战国-秦汉时期部分典型遗迹、器物纹饰给予说明和分析，大致按陶器、铜器、玉器、遗迹与器物结构分类。

典型陶器及其纹饰

河南中部龙山文化晚期被认为与夏朝或先夏的文化有关，其中登封告成镇西北的王城岗古城遗址，被认为可能与夏朝开国君主大禹有关。该遗址出土一件陶纺轮，其中心穿孔外有四组圆点纹分布于四个方位。每组圆点纹6个做两行排列，四组计24个（图3.1）。圆点纹的设置及数量关系与一年四时八节、十二月二十四节

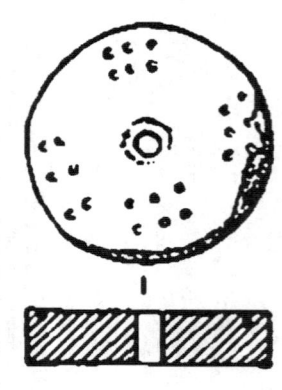

图3.1　王城岗陶纺轮

第三章 三代流芳：夏商周纹饰隐情秘义

气历数完全吻合，堪称简明扼要、完美无缺！

河南淅川下王岗出土二里头文化时期陶纺轮也有同类设计。其二里头文化一期陶纺轮从中心穿孔至轮缘有六组由点纹组成的双股线纹，计12条线合一年十二个月历数（图3.2）；二里头文化三期陶纺轮围绕中心穿孔一面制作10个圆点纹，另一面制作12个圆点纹（侧面不清楚个数，不论），合十月太阳历和十二月历法常数（图3.3）。

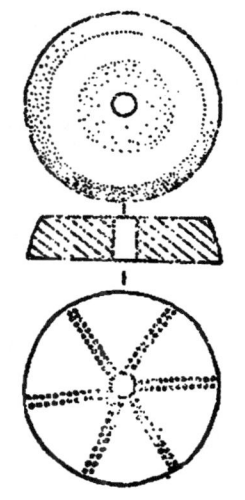　　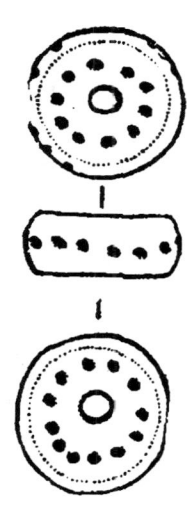

图3.2　下王岗出土陶纺轮　　　　图3.3　下王岗出土陶纺轮

下王岗出土西周时期陶纺轮用点纹组成四组线纹，呈十字形分布在中心穿孔至轮缘之间，每组三条计一周12条线纹（图3.4）。陶纺轮纹饰设计与一年四季十二个月历数吻合。

这些陶纺轮纹饰的寓意显然都是中国古代的历法历数，而且它们与远古时代陶纺轮的同类设计及文化内涵表达一脉相承[①]。

山东章丘孟白战国墓出土陶豆，其盘内纹饰结构是：内圈为八角星纹，且每个角上横置一钩形纹；此钩形纹实即旋纹，因此整个纹饰的寓意应是太

---

① 参见《中国远古纹饰探秘》、《中国远古纹饰初读》。

极八卦。外圈饰一周 19 个三角形，当寓意十九年七闰历法。内外圈纹饰的内涵表达，互相佐证（图 3.5）。

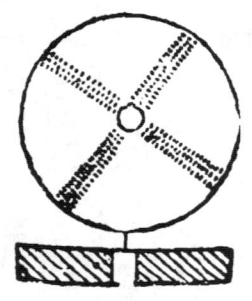 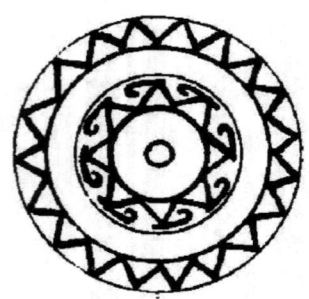

图 3.4　下王岗出土陶纺轮　　　图 3.5　战国陶豆盘内纹饰

典型铜器及其纹饰

商周至秦汉时期青铜器，纹饰设置严密历数、易数关系者常见，尤其是重要的礼器多有严谨的纹饰设计与制作。以商代青铜鼎为例：

新干大洋洲商代大墓出土虎耳铜方鼎，器形方正，柱足上铸兽面，桥形耳上塑虎形，器身饰排列规整的乳钉纹和饕餮纹，整器给人恢宏刚毅、威武雄壮的感觉。除了桥形耳上的虎形塑造，方鼎的器型、纹饰都是商代流行的风格和样式。分析其乳钉纹的排列规律，可以发现它们全部都与古代天文历法和易学的基本数量关系契合，应为制作者特意设计（图 3.6；彩图 11）。

有些看起来纹饰较为简洁的青铜方鼎，其纹饰也存在严密的天文历法和易学基本数量关系，如商代后期羊父丁方鼎，除了常规的乳钉纹、饕餮纹与天文历法相关，其间的细小圆圈纹也是刻意设计，与古代天文历法和易学的常数契合（图 3.7；彩图 12）。

类似上述青铜鼎纹饰设计和制作的商代青铜鼎常见。虽然不是所有青铜鼎纹饰都是如此严密的设计与制作，但这种现象和事实无疑将对青铜器饕餮纹及其他纹饰的解读带来重要启示和帮助，是揭开青铜器纹饰秘密的一个可靠基础和起点。

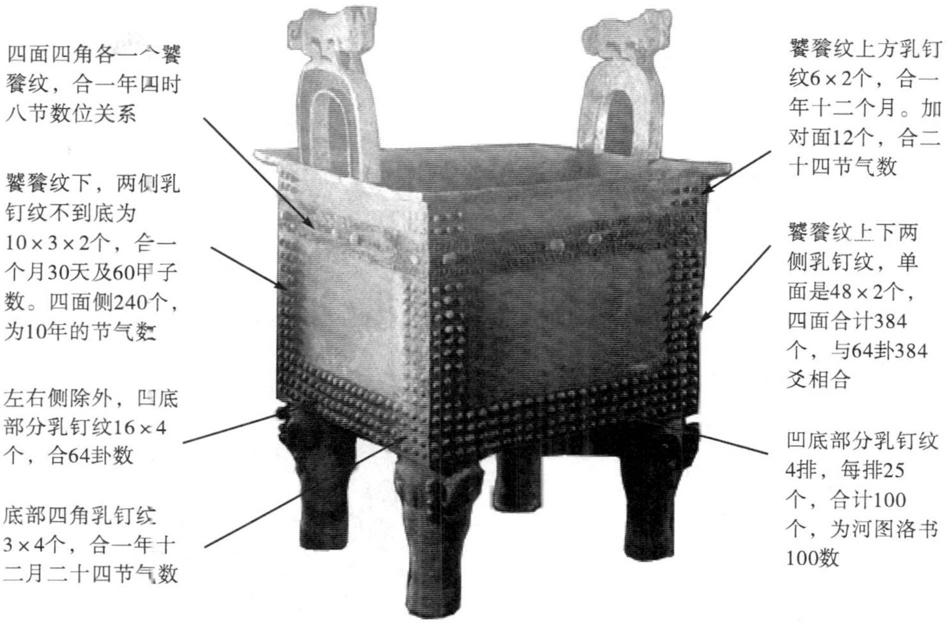

第三章 三代流芳： 夏商周纹饰隐情秘义

四面四角各一个饕
餮纹，合一年四时
八节数位关系

饕餮纹下，两侧乳
钉纹不到底为
10×3×2个，合一
个月30天及60甲子
数。四面侧240个，
为10年的节气数

左右侧除外，凹底
部分乳钉纹16×4
个，合64卦数

底部四角乳钉纹
3×4个，合一年十
二月二十四节气数

饕餮纹上方乳钉
纹6×2个，合一
年十二个月。加
对面12个，合二
十四节气数

饕餮纹上下两
侧乳钉纹，单
面是48×2个，
四面合计384
个，与64卦384
爻相合

凹底部分乳钉纹
4排，每排25
个，合计100
个，为河图洛书
100数

图3.6 新干大洋洲商代大墓出土虎耳铜方鼎纹饰规律分析

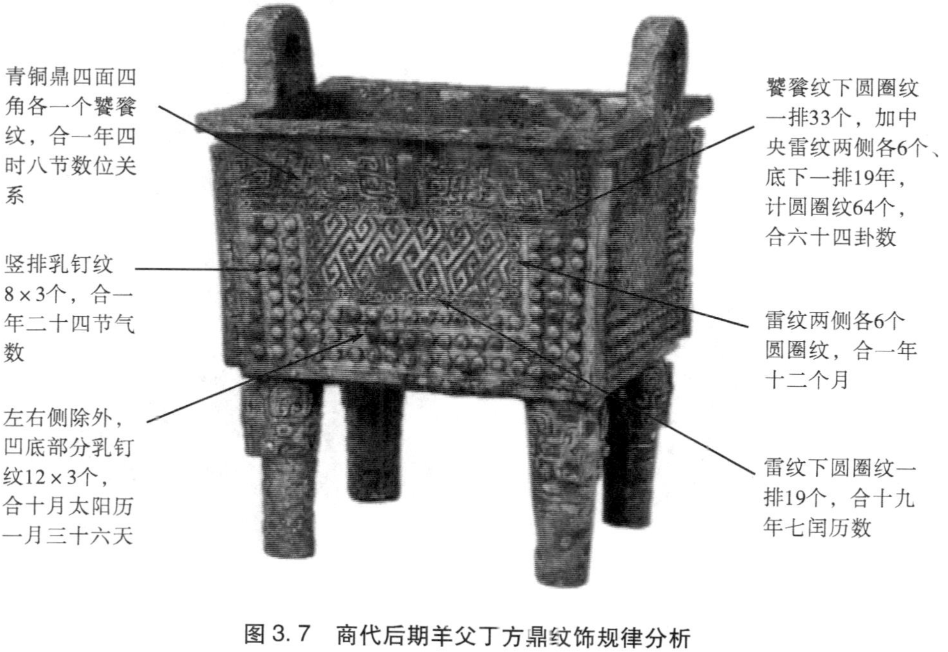

青铜鼎四面四
角各一个饕餮
纹，合一年四
时八节数位关
系

竖排乳钉纹
8×3个，合一
年二十四节气
数

左右侧除外，
凹底部分乳钉
纹12×3个，
合十月太阳历
一月三十六天

饕餮纹下圆圈纹
一排33个，加中
央雷纹两侧各6个、
底下一排19年，
计圆圈纹64个，
合六十四卦数

雷纹两侧各6个
圆圈纹，合一年
十二个月

雷纹下圆圈纹一
排19个，合十九
年七闰历数

图3.7 商代后期羊父丁方鼎纹饰规律分析

典型玉器及其纹饰

二里头遗址出土多件玉钺（或称玉戚），其两侧均有制作严谨、规范的突棱（侧视则为齿牙）：每个侧面为六条，且被中分为两组（其相邻的两条突棱靠得更近或更宽），每组三条突棱间距相等；每件玉钺4组12条突棱，且对称、均衡分布于钺的两侧，这种设计完全吻合一年四季十二个月历数（图3.8-9）。

图 3.8　二里头出土玉钺　　图 3.9　二里头遗址出土玉钺

与二里头玉钺类似，两件商代玉钺一件制作4组12条突棱，一件制作两组10条突棱（每组5条，分别位于钺的两侧，且等距离分布），前者合一年四季十二个月历数，后者合阴阳五行十月太阳历历数（图3.10-11）。

图 3.10　商代玉戚　　图 3.11　商代玉钺

第三章 三代流芳： 夏商周纹饰隐情秘义

玉戚、玉钺均是重要的礼器，其纹饰刻意表现天文历法内涵，或许与其仪仗功能有关。

侯马市天马-曲村遗址晋侯墓地出土 7 件玉覆面①，其年代从西周中、晚期至春秋初年不等。这些玉覆面保存完整者都有严密的历数、易数设计，如：

M91：2 玉覆面由 24 件玉石饰拼缀而成，其件数合一年二十四节气历数。其面部中间及五官共 8 件玉饰且左右对称，外围一周 16 件梯形玉饰组成面部轮廓。16 件梯形玉饰又分两组，4 件在顶部成一直线象征头皮、头发，两侧及下颌部成一整体共 12 件。因此玉覆面的设计和结构还可寓意阴阳八卦、四时八节、一年十二个月（图 3.12）。

M31：72 玉覆面共有 79 件不同形状的玉片，其中面部、五官 40 件，面部轮廓一周 39 件。前者的结构是：自眉心至下颏 10 件合十月太阳历历数；其两侧各 15 件计 30 件合一月天数。后者的组成是：三角形玉片 19 件合十九年七闰历数，底边被两个牙口或线槽一分为三的梯形（或三角形）玉片 20 件为十月太阳历阴阳两年的月数，按"一分为三"计总数 60 合六十甲子数（图 3.13）。

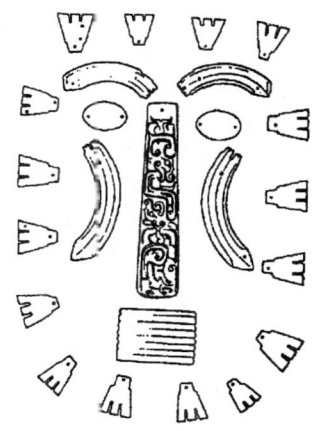 

图 3.12 晋侯墓地出土玉覆面　　　　图 3.13 晋侯墓地出土玉覆面

---

① 人死后用各种小件玉器串成一个面部形象覆盖在死者头、面部，这种成组玉器被称为玉覆面，其作用可能是希望死者像玉石那样长存不腐。能用玉覆面的只能是王侯、贵族，晋侯墓地出土玉覆面，都是晋侯及其夫人所用。

构成玉覆面的玉片都通过天文历法的常数来组织和结构,可能寓意着死者正是这些天数、天道的掌握者,或象征着他们已进入天国、天界。

典型遗迹及器物结构

二里头遗址中部发掘出土两座大型建筑基址,专家认为可能是夏朝太康的宫殿遗迹。根据恢复的遗迹结构,可以发现其设计和构造均与天文历法密切相关。

一号宫殿基址主殿面阔八间,进深三间,合计24间房屋。这种布局与先天八卦横图结构相合,八间合八卦、三间合一卦三爻,24间房屋合一年二十四节气。

二号基址也是长方形,周围有回廊,南面是大门,中间是广场,北面是大殿(大殿后有一座大墓。图3.14;彩图16)。其柱洞位看起来很严谨但又

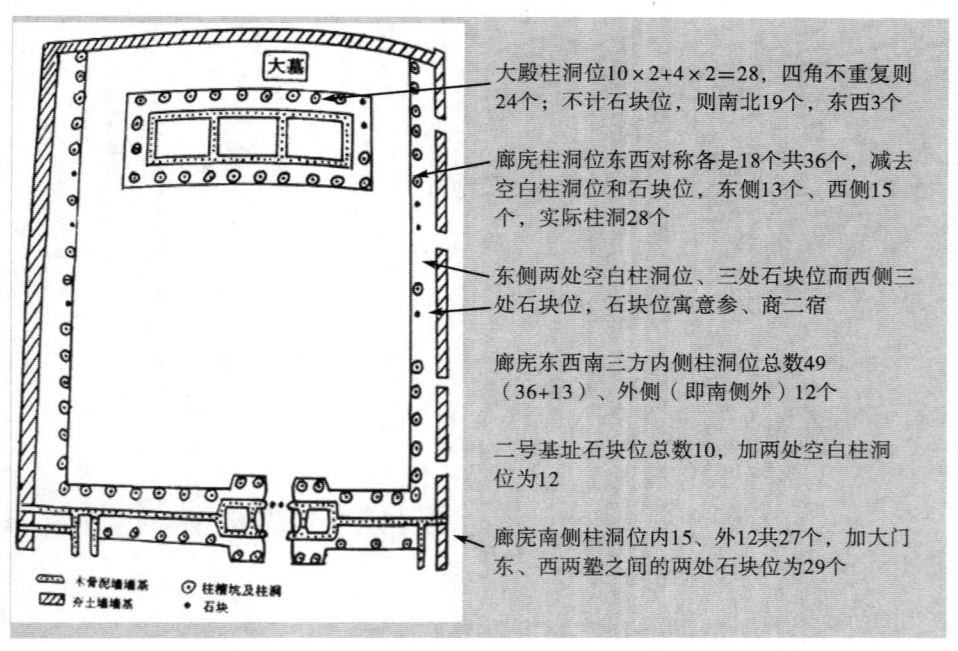

图 3.14 二里头遗址 2 号宫殿基址分析图

第三章 三代流芳： 夏商周纹饰隐情秘义

给人以杂乱无规律的感觉（有些柱洞位是空白，有些柱洞位仅有石块），为什么呢？

只看柱洞位，大殿南北两排各 10 个、东西两排各 4 个，共 28 个合二十八宿数理；如果四角上的柱洞位不重复计数，则总数为 24 个合一年二十四节气数。如果不计两处石块位，则南北两排共 19 个柱洞、东西两排共 3 个柱洞，分别合十九年七闰和参宿、心宿三星数理，说明石块位可能是有意设计、布置的。按此思路，再看庭院廊庑的柱洞位：

廊庑柱洞位按东西对称各是 18 个共 36 个，合十月太阳历一月三十六天数，但是减去空白柱洞位和石块位，东边 13 个柱洞、西边 15 个柱洞，合计 28 个为二十八宿数，说明空白柱洞位和石块位的确是有意设计、布置的。为什么东排留两处空白柱洞位、三处石块位而西排只留三处石块位呢？考虑到东、西两排实际柱洞为 28 个寓意二十八宿，那么东、西两排各设三处石块位不是正好可以象征东宫心宿三星和西宫参宿三星吗？可见廊庑柱洞、空白柱洞位、石块位看似没有规律很杂乱，实则经过精心设计、寓含深意。

南边廊庑柱洞位分内外两排，内 15 个、外 12 个共 27 个，再加大门东、西两塾之间的两处石块位为 29 个，前者合月相周期后者合阴阳历一月天数。

东西南三面廊庑内侧柱洞位总数为 49（36+13）个、外侧（即南边外侧）12 个，前者与北斗七星崇拜（7×7）相关，后者合一年十二月数。二号基址石块位总数 10，加两处空白柱洞位为 12，分别合十月太阳历和十二月历数。

山西夏县东下冯遗址主要是与二里头文化相似的夏文化遗存，其第三期发现的陶窑，窑孔的设置非常有意思：

总计 22 个窑孔，大多数是三角形内套一个小圆形。外圈一周 12 个窑孔合一年十二个月数，所包围的 10 个窑孔合十月太阳历历数；同时内部 10 个窑孔又分成两组，用 8 个三角形窑孔环绕两个尖角顶对的窑子一周，8 孔合八卦八节，

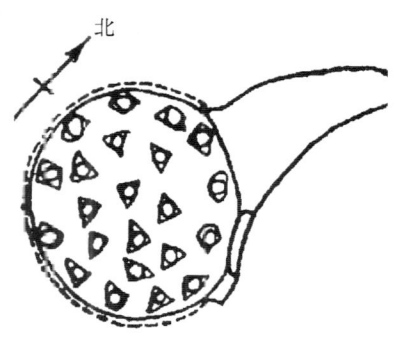

图 3.15 东下冯遗址陶窑窑孔

两个尖角顶对的三角形即阴阳交午图形⊠，寓意阴阳（图 3.15）。这些窑孔的设置绝非巧合，它们也证明阴阳交午符号或图形，确实与古代天文历法密切相关。

成都青白江区汉墓出土陶井：其外壁饰正倒三角形相间的绳索纹，口沿宽平。口沿上分布四组由×形组成并规律性排列成方形的纹饰，每组均是 3 排 12 个×形。这些×形的组合、排列明显与一年四季十二个月历数相关，而×形即阴阳交午符号，源于立杆测影，形与数关系互相佐证其天文历法内涵（图 3.16-17）。

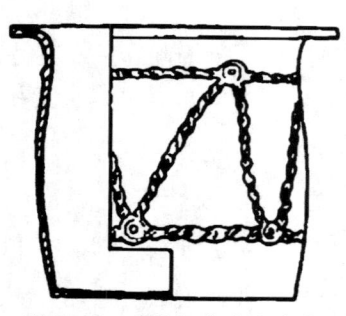

图 3.16　成都汉墓出土陶井

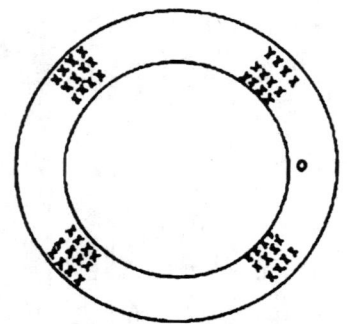

图 3.17　成都汉墓出土陶井口沿纹饰

第三章 三代流芳： 夏商周纹饰隐情秘义

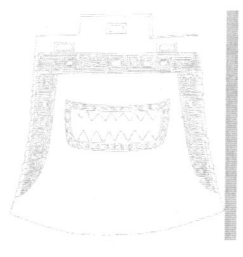

饕餮纹的秘密：
北斗星君才是最高天神

青铜器饕餮纹（兽面纹）到底是什么意思？起什么作用？

《左传》、《史记》里的"饕餮"是人或族群，《吕氏春秋》和其他传说资料里"饕餮"又是怪兽，而且都形象不好，既贪婪又凶残。《吕氏春秋》和宋代学者将商周青铜器兽面纹称为"饕餮"，指其为一种"食人未咽，害及其身"的怪兽，显然并不可靠。

现当代学者对饕餮纹的含义有多种不同认识和理解，包括图腾、祖先、保护神、各种动物崇拜的综合、天帝（上帝）、牺牲、协助巫师上天入地的动物等等。

饕餮纹既是青铜器纹饰研究的重点、难点，也是夏商周历史与中国古代文化史上的一大谜题，它与三代的宗教信仰、礼仪制度、思想文化尤其是统治者的思想观念密切相关，甚至可能也是连接中国远古思想文化与先秦诸子百家之间的一个桥梁。

这里将主要通过饕餮纹的结构、特征及与之相关的青铜器纹饰、文化背景等，继续探讨其本义或文化内涵。

饕餮纹的地位高于夔龙和凤鸟

商周青铜器最主要的动物纹有三种：饕餮纹、夔龙、凤鸟。在这三种动物纹中，饕餮纹的重要性高于夔龙与凤鸟，其至尊地位是夔龙和凤鸟所不及的。

青铜器上，饕餮纹一般是纹饰主题和主体，位居器物和纹饰的中心或显要位置，而夔龙或凤鸟作为陪衬、辅助性纹饰设置在饕餮纹两侧（图3.18-19），甚至常常是两个侧面形象的夔龙或凤鸟组合成一个正面形象的饕餮纹。这种位置关系表明饕餮纹的重要性超过夔龙与凤鸟。

图3.18　殷墟早期青铜瓿纹饰
（夔龙与凤鸟都是饕餮纹的陪衬纹饰）

图3.19　新干出土虎耳铜方鼎纹饰
（上下左右的夔纹陪衬着中间的饕餮纹）

从饕餮纹出现的商代早期到西周，都有以夔龙形象作为三足造型的饕餮纹青铜鼎，充分说明在商周统治阶层的精神生活与信仰中，龙的地位远逊于饕餮纹（图3.20-21）。

图3.20　商代早期饕餮纹鼎

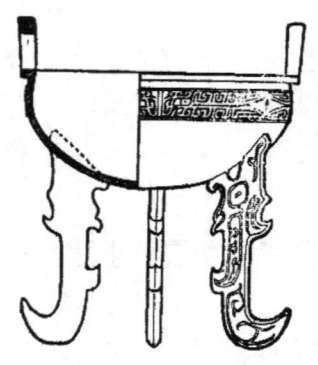

图3.21　西周饕餮纹鼎

龙、凤是中国古人崇拜的神异动物，其起源与古代天文、星象相关：龙是阴阳的物化及东宫七宿的物象，凤鸟是心宿三星或南方七宿的物象。从这个角度说，以龙、凤为陪衬物的饕餮纹很可能象征最高天神、天帝。

商周青铜器夔龙纹有多种形式，据段勇的分类和研究，其中以 S 形夔龙纹数量最多。S 形是标志性的太极图简省符号，寓意阴阳。饕餮纹的左右两半常以夔龙纹为主要构成部分，从另一角度说明饕餮纹可能寓意"太极（太一）"，以及具有天文学上的含义。

从起源角度看，饕餮纹应为至上天神

虽然饕餮纹总体上是一种较为复杂的构成，涉及龙虎凤、马牛羊等多种动物的器官形象或因素，但其基本形象始终不变、其早期形象比较单纯。探索饕餮纹的含义可从其早期形象和起源入手。这样可以减少难度同时增加可靠性。

青铜器专家马承源认为："商代早期兽面的形态相当抽象，表现以兽目为主，舐角处于次要的部分。"早期饕餮纹除了兽面吻部、凸出而醒目的双眼以及鼻脊线，其他部位或器官都不明显。角似有似无，足和身体主要用旋纹、涡纹来表现，甚至有的饕餮纹除了双目外，几乎都是旋纹、涡纹（图 3.22）。

图 3.22 商代早期铜方鼎饕餮纹和乳钉纹（倪玉湛）

秦汉及以前，古代器物上的旋纹、涡纹一般都是寓意"太极"，是太极图的简省和变形画法。越是重要的器物，这种意思表达越是明确、可靠。而太极图原初的意义就是对一年四季气候变化、寒热冷暖阴阳关系的图示。从这个角度说，早期饕餮纹必然与天文、天象有关，它可能是商人想象中的天神、天帝，称之为"太极神"、"太一神"，也无不可。

学者通常认为，饕餮纹由夏代二里头文化中的兽面纹演变而来，或者其间存在重要渊源关系。二里头文化出土几件重要的镶嵌绿松石片铜牌饰，都以兽面纹为表现主题。其中两件铜牌饰，前端是兽面纹，后端均用绿松石片镶嵌鳞甲，成三列12块n形或m形合一年十二个月，证明兽面纹当象征或寓意天帝、天神——也可称为"太极神"、"太一神"（图3.23-24）。

图3.23　二里头出土
绿松石铜牌饰

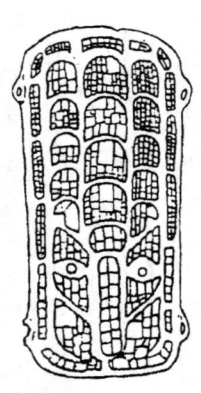
图3.24　日本藏二里头
绿松石铜牌饰

饕餮纹自身及汉代玉铺首提供的证据

湖南宁乡出土商代晚期铜铙，其钲部满饰云雷纹且被分为7排，四方位计28排云雷纹合四陆二十八宿数。钲部中间有方斗形凹下部分，由细小的云雷纹托住一目纹，当是目纹的变异形态。云雷纹中间置目纹，是饕餮纹的简化和变异形式。

第三章 三代流芳：夏商周纹饰隐情秘义

同样或同类简化饕餮纹在商周青铜器上较为普遍，尤其是南方地区出土铜铙，如江西新干大洋洲商墓出土铜铙、湖北阳新出土殷墟三期一号铜铙、湖南株洲黄龙乡出土西周晚期铜铙等等。

宁乡这件铜铙在分布四方位的二十八排云雷纹中置入饕餮纹的简化形式，充分说明饕餮纹当是"太一神"北斗星君的化身（图3.25）。

图 3.25　商代晚期铜铙

战国、秦汉及以后流行的铺首是饕餮纹的一种演变形态，二者的象征、寓意具有相关性。陕西茂陵（汉武帝刘彻陵墓）附近出土一件大型玉铺首，其"中央浅浮雕兽面纹，张目卷鼻，牙齿外露，状甚凶猛。两侧饰青龙、白虎、朱雀、玄武，姿态生动。背有突出方鼻钮，上有方孔，可穿辖，是嵌在斗上的装饰。"

此铺首兽面外围作青龙、白虎、朱雀、玄武四神，明确指示兽面当为北斗、北极天神即"太一神"（图3.26）。玉铺首"是嵌在斗上的装饰"，再次暗示兽面寓意北斗，是古人想象的北斗大神。

图 3.26　西汉大型玉铺首

商周青铜钺纹饰及其他证据

商周青铜钺常见兽面纹（饕餮纹），其基本文化内涵、寓意或象征意义当同于其他青铜器饕餮纹。在青铜钺上，这种兽面纹寓意北斗神、北极天神、"太一神"有更加明确的证据。

山东青州苏埠屯出土商代铜钺，兽面纹两耳作火纹形状（其地纹即春秋战国-秦汉瓦当上最常见的"云纹"），佐证兽面纹当为北斗、北极神，二者形象地演绎心宿与北斗、北极的关系（图 3.27）。同出于苏埠屯的酗亚钺，也是商代晚期器物，兽面纹形象与前者类同；此钺两侧铸矩尺形扉棱，各有三组六个相背的矩尺形，计 12 个矩尺形扉棱合一年十二个月（且分为两个半年）历数，证明兽面纹当与天文历法有关即象征北斗、北极神（图 3.28）。

新干大洋洲出土两件商代铜钺，仅用巨形兽口代表兽面纹。这种铜钺的纹饰设计也可证明兽面纹、饕餮纹当寓意北斗、北极神。

铜钺一：钺身中间为兽口，其周围有规律性排列的鱼形（或箭头形）纹饰。兽口上下缘均以一菱形纹为中心，两侧各布 5 个朝向相反的鱼形纹，可寓意阴阳五行；兽口左右侧缘各布 4 个向上的鱼形纹，可寓意阴阳两仪四象八卦。兽口周围除上下缘中心部位的两个菱形纹，计 28 个鱼形纹合二十八宿数，证明兽口（即饕餮纹）象征北斗、北极神（图 3.29-30）。

图 3.27 商代兽面纹铜钺

图 3.28 商代酗亚钺

铜钺二：兽口周围除上下缘中心部位的两个菱形纹，计 16 个鱼形纹，与汉代以前的计时本系一日十六时制相合（图 3.31）。

两件铜钺除象征饕餮纹的兽口外，其他纹饰也与古代天文历法相关，如旋纹（云雷纹）、变形的夔纹、钺身两侧斑纹的数量关系等，不再赘述。

用神人、神兽面表示北斗、北极神，

图 3.29 商代兽口纹铜钺

图 3.30 商代铜钺兽口纹

并不限于中国古代文化。如一件古希腊瓶画女妖脸谱，其周围绘 28 个蟠蜷的蛇纹（也是旋纹），与二十八宿数相合，说明巨口獠牙的神面并非一般人所理解的"女妖"，而应是北斗神。令人惊奇的是，此神面也是方形、菱形、巨口獠牙，这些关键文化因素都与中国古代表现北斗、北极天神的图像一致（图 3.32）。

图 3.31 商代兽口纹铜钺

图 3.32 古希腊瓶画女妖脸谱

第三章 三代流芳： 夏商周纹饰隐情秘义

饕餮纹的秘密：
立杆测影与眉间尺神话

青铜器饕餮纹的对称轴

商周青铜器纹饰尤其饕餮纹在结构上有一个最显著的特点，即具有对称性，而且绝大多数都有十分明显、明确的对称轴（饕餮纹的鼻脊线）。这种对称轴分两种情况：一种是光素无纹的竖条（图3.33），一种是有齿状或刻度纹样的竖条（图3.34）。两者都像一段直木或有刻度的直木，它们大多数是青铜器的扉棱①，只有少数光素无纹的对称轴才不是扉棱。

图 3.33 青铜器饕餮纹
（对称轴光素无纹）

图 3.34 青铜器饕餮纹
（对称轴有刻齿状）

---

① 扉棱是青铜器上凸出的一种条状装饰，一般与青铜器的制作方法范铸有关。

中国上古纹饰初读

从饕餮纹的结构来说，它不必要有这种对称轴，甚至对称轴明显是个多余成分。

饕餮纹之外，有些具有对称关系的纹饰如果没有对称轴，又会让人觉得缺少了什么。这种情况下，对称轴的存在就是锦上添花、画龙点睛，甚至必不可少。如商代晚期小臣缶方鼎，饕餮纹上方是两两一组呈对称关系的四个夔纹，作为饕餮纹对称轴的扉棱一直贯通到上方四个夔纹中间——如果没有扉棱作对称轴，具有对称关系和动感的侧面夔纹似乎就会相撞在一起；有了对称轴扉棱，它就成为整个构图的中心和象征、寓意的核心所在，两侧夔纹似乎以它为朝拜对象（图3.35）。

图3.35 商代晚期小臣缶方鼎腹部纹饰

西周中期鸟纹贯耳方壶的肩部、腹部均有对称的鸟纹及其对称轴，但它们不是扉棱，而是专门制作的对称轴。肩部具有对称关系的鸟纹，距离很近，在视觉上对称轴直接成了鸟纹的朝拜对象。腹部具有对称关系的凤鸟纹，凤冠反卷至胸前腹下，两个对称的凤冠对中间的对称轴形成了托举、维护之势，对称轴的重要性似乎大于凤鸟纹（图3.36）。

从图像结构、位置关系分析，饕餮纹及其他具有对称关系图案中的对称轴、扉棱，绝不是可有可无的。相反，它们不仅在视觉和位置关系上居于中心和核心地位，而且可能是整个饕餮纹和具有对称关系的纹饰结构中最重要的构成部分，可能寄寓着整个纹饰象征和寓意的关键与核心部分。

第三章 三代流芳：夏商周纹饰隐情秘义

图3.36 西周中期鸟纹贯耳方壶肩部、腹部对称鸟纹及对称轴

那么它们到底具有什么样的含义、寓意，或者象征着什么呢？

饕餮纹对称轴的象征意义

最近一二十年，经冯时、陆思贤等一批著名学者的研究及突破，可知先秦和史前考古发掘材料中的龙凤（以及虎、鹿、龟、猪等），其原始象征意义都与天文、星象相关。我们对饕餮纹图像的分析，也说明它们应该是商周统治者塑造的天帝北斗神、北极神形象。

在此背景下思考饕餮纹及其他具有对称关系图案中的对称轴或者扉棱的象征意义，可以认为它可能与古代天文历法、天文观测或者天象密切相关，其重要性与饕餮纹所象征的北斗神、北极神不相上下。那么，在中国古代天文学中，具有如此重要性的事物是什么呢？

古代天文学和历算家的基础工作可用"昼参日影，夜考极星"来概况。"昼参日影"就是白天测量太阳的影长，通过观察和测量太阳在一天和一年中影子的变化规律，掌握东西南北方位、一年四季的天数和节气等。测量的主要工具就是圭表，圭是量影长的尺子，表就是一根直立的杆子。"夜考极星"就是夜晚观察、确定北斗、北极以及月亮、列宿、五星的位置及其运行规律。

圭表是中国古代天文观测的主要工具，明白这一点，再看饕餮纹及其他具有对称关系图案中的对称轴或者扉棱，很容易让人联想到，它们似乎就是那根具有无限神威的立杆或者圭尺。那种光素无纹的对称轴或扉棱恰如立杆形象，那些有刻齿痕的对称轴或扉棱恰如测量影长的圭尺（上面有刻度）。

这样去看，饕餮纹怪异的形象、结构几乎得到完美诠释，它是将立杆测影与北斗、北极观测两类最重要的天文观测工作①融会在一个图案里，也符合中国自远古以来纹饰和图案制作的一贯思路与做法。

李济曾认为，"以对称法则构成的兽面纹是带有明显崇拜意味的'中央法则'，它具有永恒存在的庄严感"。"商人不但在器形的制作和花纹的雕刻方面讲究对称，而且青铜礼器在当时最为严肃庄重的祭礼活动中的摆放方式也应遵循此对称规律"。

所谓"带有明显崇拜意味的'中央法则'"，从图像结构、位置关系甚至意思表达上看，这个"中央法则"不就是饕餮纹及其他具有对称关系图案中的对称轴或者扉棱吗？李济的认识也说明那些"对称轴或者扉棱"的重要性，其在饕餮纹中具有崇高地位。

中国古代文化、哲学和易学里，"太极"是最重要最基础的概念之一。一般认为，"太极"是指宇宙初生尚处于混沌时的状态。此外，古人曾论太极为太一、北辰（均指北极星、北斗星），当代有易学专家认为"'太极'是测量中使用的一件工具——表或槷②，现在的'标杆'那样一件东西"（刘钰），著名学者陈久金认为"太极"就是一年的通称。

后面这些关于"太极"的理解，单独看，似乎不容易讲通，不大吻合宇宙本原意义上的哲学式阐述。现在对照饕餮纹，这些认识和理解似乎都有所依凭，并非空穴来风：饕餮纹将北斗崇拜与测量日影的圭表以及阴阳观念集于一身，而它们均与年周期密切相关。宇宙本原意义上的"太极"反而应该是后来逐渐衍生和发展起来的。

以下再通过一些典型案例给予说明和分析：

---

① 关于立杆测影的重要性，古籍和学界多有论述，它不仅是古代最主要的天文观测方法和手段，也是历代帝王寻找地中以获得天授君权、建都立国统治天下的重要依据，冯时最近在《＜保训＞故事与地中之变迁》（《考古学报》2015 年第 2 期）中做了深入的分析和讨论。
② 即测量日影的标杆。

西周中期亚枚觚，其柄部所饰饕餮纹与常见饕餮纹有更多的不同：组成饕餮纹的两个侧面夔纹（或鸟纹）口部上唇制作成一个蟠蜷的涡纹且为阴阳两仪互抱式，额部（或为鸟冠）也是一个涡纹，眼睛上方则是一个巨大的涡纹且为阴阳两仪互抱式（可能为夔、凤鸟的角、尾组织），占据了整个夔纹（或鸟纹）的一半空间。反复用涡纹而且是明确的阴阳两仪太极图式，说明阴阳两仪太极图即纹饰主题和内涵，饕餮纹即"太极"观念的神灵化，可称为"太极神"。作为饕餮纹对称轴的鼻脊线十分突出，其象征立杆测影活动中的立杆昭然若揭。鼻脊线上端压在一个底部为圆角的斗形上面，此斗形显然寓意北斗。可以说，此饕餮纹的构成除了双目，就是太极图（简省符号旋纹）、立杆与北斗，极其罕见地将饕餮纹的寓意做了明确而完美的揭示（图3.37-38）。

图3.37 西周中期亚枚觚

图3.38 西周中期亚枚觚柄部纹饰

商代晚期刘鼎，其饕餮纹鼻脊线上端压在一个底部为圆角的斗形上面——与西周中期亚枚觚饕餮纹相同，斗形象征北斗；斗形内、鼻脊线两侧各有一个火纹，其与斗形的关系刚好象征大火与北斗的关系。鼻脊线中部压在一个菱形上面（由于范铸没有严谨合范，导致菱形左右两半有点错位），菱形即方形也可象征北斗。圆角斗形与菱形纹之间，鼻脊线两侧是一对相背的弯角，此相背弯角常见于商代晚期至西周中期的龙凤纹尤其是凤鸟纹上，可寓意阴阳。此饕餮纹无疑也是将立杆、阴阳、北斗乃至大火等相关文化内涵融合为一体的典范之作（图3.39）。

图3.39　商代晚期刘鼎饕餮纹

饕餮纹与眉间尺的关系

饕餮纹上作为对称轴的鼻脊线，形如立杆和竖立的圭尺，在饕餮纹两眉之间，很容易让人想起"眉间尺"神话。

鲁迅取材于古代神话的小说《铸剑》，讲春秋战国时铸剑名师干将、莫邪之子眉间尺与黑衣人合作，最后杀了楚王为父报仇的故事。其情节悲壮惨烈、惊心动魄。

此"眉间尺"，即两眉之间的距离有一尺宽，是一个怪相人。据《吴越春秋》、《搜神记》等古籍，眉间尺故事发生地在吴越楚三国。有学者研究，此故事也记载于西汉刘向所著《列士传》等古籍，而且发生于韩魏赵三晋之地。

据《列士传》，眉间尺又叫"眉间赤"（原文："妻后生男，名赤鼻，具以告之。赤鼻斫南山之松，不得剑，思于屋柱中，得之。晋君梦一人，眉广三寸，辞欲报仇……"）。间作"之间"而不作"间隔"理解。因此，传说中的眉间尺也可能是"两眉之间有一把尺子"的意思。

民间故事的产生和传播都不依赖于文字，主要凭口耳相传，刘向、赵晔

第三章 三代流芳： 夏商周纹饰隐情秘义

著《列士传》、《吴越春秋》都不能保证准确无误地写出故事人物的名字含义，仅《列士传》里就有两种意思——"眉间赤"与"眉间尺"。故刘向、赵晔等人由于不知本原，将传说中的"眉间尺"误解为"眉广三寸"是有可能的。

如果从"两眉之间有一把尺子"的角度理解"眉间尺"，则"眉间尺"神话及其起源可能有更深的历史和文化背景，也能得到更为合理的理解和解释。即眉间尺神话可能反映了中原王朝与南方楚国之间的矛盾，商周饕餮纹可能是眉间尺神话的来源，那些饕餮纹都是"眉间尺"。

赵晔是会稽山阴（今浙江绍兴）人。早年做过县吏，因倦厌仕途，远避蜀地犍为资中（今四川资阳）而著《吴越春秋》。眉间尺故事广传于北方和南方，甚至为避居蜀中的赵晔所知，其起源应该远早于赵晔、刘向，也因此才有很不一致的名字含义及故事情节。

由于刘向为楚元王刘交四世孙，其《列士传》改眉间尺杀楚王为眉间尺杀晋君，将故事写成眉间尺与晋君之间的恩仇完全在情理之中。《吴越春秋》的作者赵晔非中原人也非楚人，其记载保持真实性的可能性更大。

因此认为，眉间尺故事起源于饕餮纹及中原王朝与楚国之间矛盾关系的可能性很大。

太极图的秘密：
太极本义及其表现形式

太极生阴阳、阴阳生万物是易学和《老子》里面的思想，属于哲学范畴。但是在早期，"太极"并不是一个哲学概念，如科学史家陈久金所论，"太极"本与年周期相关，是一年的通称。"太极生两仪四象八卦"指一年分为两个半年以及四时八节，八卦本为历法。

物物皆太极、物物有太极虽然是宋代学者邵雍和朱熹的观念，但是它们也可能并非空穴来风。在古代纹饰中，至少物物皆可表现太极和阴阳是一种客观存在。

夏商周-秦汉太极图的样式及表现、表达"太极"、"太极图"内涵的图式非常丰富，主要包括典型的阴阳两仪图式、用S形或S纹代替、旋涡纹、火龙纹、对称图形、龙纹、"并封"等。也常见两种以上形式的结合。

本节对前面四种太极图或太极的表现形式作一简介和说明，同时也说明"太极"的天文历法含义及物物皆可表现太极、阴阳的现象。

典型的阴阳两仪图式

一般情况下，太极图是"易有太极，是生两仪，两仪生四象，四象生八卦"（《易传》）这段话前面两个阶段的图示。其典型图式即阴阳两仪互抱形式，两仪构成一个圆形或者在一个圆形内，两仪的分界线为S形或反S形。

可以说，两仪对称、其相邻线为S形（或反S形）是判断典型阴阳两仪太极图的两个标准。同时，太极图的阴阳两仪可以是两鸟、两龙、两鱼或者其他任何物象。

根据目前的考古材料和传世古代器物考察，夏商时期少见典型的阴阳两仪太极图，西周中期至汉代则常见。西周中期，饕餮纹（寓意"太极、阴阳"）开始衰落，而由凤鸟纹构成的典型阴阳两仪太极图产生，二者似乎具有一定相关性。汉代尤其是与楚文化相关的漆器纹饰常见典型阴阳两仪太极图式，应与道家文化和老子太极图的传播有关。

以下选择部分典型图式给予简介：

陕西扶风出土西周晚期伯公父壶，其盖顶在一个圆内用"两首一身"的鸟纹构成典型的反S形阴阳两仪图式，在反S形的两个空白处又结构两个对称的火纹寓意阴阳，鸟纹、火纹均是火历、心宿三星的标志性符号（图3.40）。这些纹饰的内涵统一于阴阳、年周期这个主题。

陕西岐山出土仲南父壶，其盖顶纹饰结构与伯公父壶类似：主体为"一首两身"（以目代首）的鸟纹，作S形阴阳两仪图式；两仪内各自再填一个夔纹，也寓意阴阳两仪，同时它们与凤鸟纹也构成阴阳关系（图3.41）。

图3.40　西周伯公父壶盖顶纹饰　　图3.41　西周仲南父壶盖顶纹饰

湖北随州擂鼓墩出土战国铜簋盖部纹样，为两个具有对称关系的阴阳两仪太极图。每个太极图的地纹为S形或反S形，同时它们又是由两个变形的火纹连接而成，寓意火历及大火在春秋分时的天象；阳纹的阴阳两仪都有"鱼眼"（或者"龙眼"），接近宋代传出来的典型阴阳鱼太极图（图3.42）。

图 3.42　擂鼓墩出土战国铜簋盖部纹样

S 形或反 S 形纹饰

由于太极图阴阳两仪分界线构成 S 形或反 S 形，因此 S 形或反 S 形就成为太极图的简化图式及象征性、标志性符号。

西周青铜器 S 形（或反 S 形）抽象动物纹饰，学界称为窃曲纹，其实也是太极分阴阳的图像化表达。如西周晚期伯多父盨盖顶纹饰、伯公父盨盖顶纹饰均是（图 3.43-44）。这种纹饰常常是鸟首（或以目代首）在中间，为一首两身之怪物，也就是"太极分阴阳"的图示。伯公父盨盖顶的反 S 形纹还是双龙凤纹合成，龙凤在这里也寓意阴阳。

图 3.43　伯多父盨盖顶纹饰

图 3.44　伯公父盨盖顶纹饰

"窃曲纹"名称源自《吕氏春秋》"周鼎有窃曲，状甚长，上下皆曲，以见极之败也"。窃曲又名穷曲，可能指事物发展到极端因而出现了衰败迹象。

这种命名并不科学,也没有反映纹饰的本质,《吕氏春秋》的作者可能不知道这种纹饰的来历及其本意。

S形纹饰从远古至汉代常见,并不仅仅见于周鼎或者青铜器。

湖北枣阳曾国墓地出土铜铃钟上的S形(或反S形)纹饰可视为窃曲纹(图3.45),四川三星堆出土铜板上的S形(或反S形)纹饰却与窃曲纹无关(图3.46)。长沙楚墓出土漆耳杯,底部饰一个巨大的反S纹,而跟楚人祖先崇拜有关的鸟纹反处于次要地位,充分说明S纹的重要性,即它是漆耳杯纹饰的主题,亦即太极图的象征符号(图3.47)。

图3.45 郭家庙　　　图3.46 三星堆　　图3.47 长沙楚墓
铜铃钟纹饰　　　　　钜板饰　　　　　　耳杯

长沙楚墓出土玉环上的反S纹、东周陶罐上的S纹等都不是窃曲纹(图3.48-49)。西汉画像空心砖上的变形云龙纹作反S形,而且为两首一身"并封"式,均是表达和寓意阴阳;一块砖上刻意制作四组点纹、每组三点,合计12个点纹,合一年四季十二个月历数,充分说明反S形及所谓云龙纹的天文历法意义(图3.50)。

用窃曲纹称呼西周青铜器上的S形动物纹饰,就会掩盖其本来面目;如果从"窃曲纹"出发来探讨其意思表达,可能永远不得门径,不能得知此类纹饰的真相。

图 3.48　长沙楚墓玉环

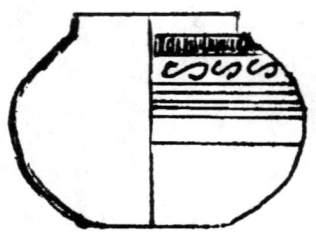
图 3.49　东周 S 纹陶罐

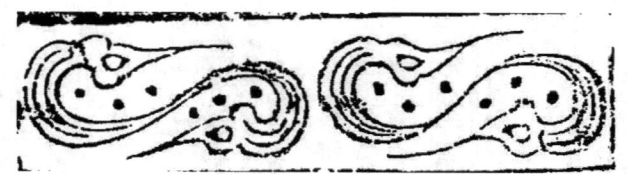
图 3.50　西汉空心砖鸟龙纹（郑州市南关外北二街出土）

旋涡纹

太极图阴阳两仪都是蟠蜷状，也是旋纹、涡纹的形状。太极图具有这种特性：只画出一半、一仪，它也成为阴阳两仪，因为其地纹自然生成了另外一仪、一半。所以旋纹、涡纹、蟠蜷状纹饰也成为太极图的简省方式和象征性符号——这种方式也是从远古至秦汉都普遍存在。

殷墟妇好墓出土鸮形尊，其腹部饰一个巨大的旋涡纹。放大旋涡纹可以发现，它其实是由两条互相蟠蜷的龙纹构成，实际上还是阴阳两仪图式；而且龙纹一大一小，反复表达阴阳观念（图 3.51-52；彩图 14-15）。鸮形尊腹部的两侧应该都有这种旋涡纹，也表达阴阳两仪观念。

商代晚期铜盘，其蟠蜷的龙纹之间填了一个很小的夔龙纹，二者寓意阴阳。蟠龙图外围十二条鱼纹表示一年有十二个月，也证明蟠蜷的龙图即寓意太极（图 3.53）。

第三章 三代流芳： 夏商周纹饰隐情秘义

图 3.51 妇好墓出土鸮形尊

图 3.52 妇好墓出土鸮尊腿部旋纹

荆州高台秦汉墓出土漆圆盒盖面纹饰，内圆置两个 S 形凤鸟纹（寓意道家"玄之又玄"），外圈分布五个 S 形凤鸟纹。这些 S 形凤鸟纹（也是"两首一身"式）的两个端头均作旋纹，这种画法是反复表达太极、阴阳内涵：S 形、旋纹、两首一身"并封"图式，均是寓意太极图或阴阳，正因为其含义相同相关，漆圆盒纹饰才会绘画成那样的形状（图 3.54）。

图 3.53 商代晚期铜盘纹饰

图 3.54 高台秦汉墓漆圆盒盖面纹饰

火龙纹

学界习称的青铜器火龙纹是将太极图、火纹乃至卐字纹结合在一起的图样。

最典型的图案是通过两个 S 形（或反 S 形）垂直交叉将一个圆面分割为阴阳相间的八个旋纹，寓意太极生两仪、四象、八卦。两个 S 形形成的四个旋臂常作火纹形状，其地纹又像一个龙蛇纹样，这是将太极图、火纹甚至龙、卐字纹结合在一起的结果（图 3.55）。

图 3.55　商周青铜器火龙纹

少数火龙纹的旋臂为三个、五个（不计地纹）、六个，应是在典型火龙纹基础上的变式。

火龙纹常与龙纹相配，甚至其两侧配置具有对称关系的龙纹，说明火龙纹具有太极图的寓意（图 3.56-57）。有些火龙纹外围八对角形纹饰，寓意太极八卦，其两侧再配置对称的龙纹，充分说明火龙纹的地位非同寻常（图 3.57）。这种外围对称角形的火龙纹，犹如熊熊燃烧的火球，其与两侧的龙纹便构成"双龙戏珠"，火龙纹就是龙心、大火星的象征。

商代后期铜方罍肩部一周，将火龙纹与八角星纹相间配置。八角星纹寓意八卦，火龙纹寓意太极、大火星，合则寓意太极八卦以及大火授时（图 3.58；彩图 10）。

第三章 三代流芳： 夏商周纹饰隐情秘义

图 3.56 西周涡纹罍肩部纹饰

图 3.57 商代青铜器火龙纹

图 3.58 商代亏期铜方罍肩部纹饰

国之重器：
青铜宝鼎隐藏着的文化密码

《左传·宣公三年》记载了这样一个故事：

南方的楚国为了和黄河流域的晋国争夺霸权，先后攻伐陈、蔡、郑、宋等国，又进攻洛水流域的陆浑之戎，陈兵东周边境，炫耀武力。周天子感到恐惧，派大夫王孙满慰劳楚军，楚庄王借机询问周鼎的大小轻重。王孙满义正词严地说：政德清明，鼎小也重；国君无道，鼎大也轻。周王朝定鼎中原，有30世、700年的基业，是天命所赐。我朝当下虽有衰退迹象，但天命未改。周鼎的大小轻重，不是你该打听的事情。

《左传》、《逸周书》、《战国策》等古籍，都讲到禹铸九鼎、九鼎迁于商周及后来楚、齐、秦诸国企图从周天子手中夺取九鼎的传说或史实，可知九鼎的重要。它们是国之重器，是国家及其政权的象征。楚庄王问鼎暗示他对周王朝的蔑视和对周朝统治的挑战，委婉地表达了楚国争霸天下凌驾王朝的野心。

问鼎中原，就是想成为中原的统治者；问鼎天下，就是要取得天下的统治权。春秋五霸、战国七雄，干的就是这种事业。楚庄王励精图治，后来成为春秋五霸之一，问鼎中原成功。

直至今天，"问鼎"一词仍然是比喻凭借雄厚实力去摘取桂冠的意思。

商代早期青铜方鼎的重要性

青铜鼎主要流行于商周和春秋战国时期，秦汉也有青铜鼎产生。它们首先是一种礼器，只有商周上层统治者和贵族才有资格使用，其次

第三章 三代流芳： 夏商周纹饰隐情秘义

它们才是一种实用器、饮食器。春秋战国时期礼制逐渐走向衰落，但青铜鼎仍具有重要的国家权力和礼仪象征意义。

青铜鼎是饕餮纹的主要载体，绝大多数商周鼎都饰有饕餮纹。饕餮纹的威严、可怖与青铜鼎的厚重、大气结合，塑造出庄重、肃穆、不可轻漫和亵渎的高大上氛围，符合统治阶级建立内部秩序以及威吓、忽悠底层百姓的需要。当然，作为礼器面向祖宗和天神祭祀，也不可不弄得庄重、肃穆一点。

商周青铜鼎中，尤以方鼎铸造得大气、厚重，多体形巨大、纹饰繁缛精密。据专家研究，方鼎一般是专门的祭器，其重要性超过圆鼎。

根据考古发现，商代早期铜方鼎开始盛行。郑州商城遗址共出土八件方鼎，均为方斗形器身，柱状足。它们的整体视觉效果显得厚重、宏大，构造与纹饰都极其规则有序，成为后来青铜方鼎的范式。殷墟则出土了大批举世瞩目的商代晚期方鼎，如司母辛大方鼎（图 3.59）、司母戊大方鼎（图 3.60）、牛鼎、鹿鼎。中原之外，湖南宁乡出土人面方鼎（图 3.61）、江西新干大洋洲出土卧虎方鼎（图 3.62）等，都是厚重之器。

图 3.59 司母辛大方鼎

图 3.60 司母戊大方鼎

图 3.61　人面纹大禾方鼎　　　　　图 3.62　商代虎耳大方鼎

　　探讨商周青铜鼎的文化内涵和饕餮纹寓意，方鼎尤其商代早期方鼎无疑是最重要的研究对象和关键性器物。

　　商代早期方鼎除了体形巨大、纹饰精密外，另一显著特征是成双出现、成对使用。如郑州商城遗址出土方鼎 8 件，包括张寨南街出土大方鼎一对、向阳食品厂出土大方鼎一对、南顺城街出土方鼎 4 件两大两小。而且，殷墟侯家庄出土商代晚期鹿鼎、牛鼎，也是方形成对；北京平谷刘家河商代墓葬所出方鼎也是一对。马承源认为，"传世铸铭青铜方鼎亦有成双的。无论大小，方鼎成偶数使用，这大约是常制，其为单个存在的，多为失散之器"。

　　商代早期方鼎成双成对使用这一特点说明，铜方鼎的产生和使用从一开始就是寓含着阴阳观念的，它们承载着制作者和使用者的思想观念。

　　与商周相比，春秋战国铜鼎在形制和纹饰上都有明显变化。从纹饰方面看，春秋战国鼎多蟠螭纹、蟠虺纹等细小化龙蛇纹以及旋纹、S 纹等几何形纹饰（图 3.63-64），少见商周鼎盛行的饕餮纹、夔龙纹、凤鸟纹及其变形纹

第三章 三代流芳：夏商周纹饰隐情秘义

饰，陶鼎大多数素面无纹。

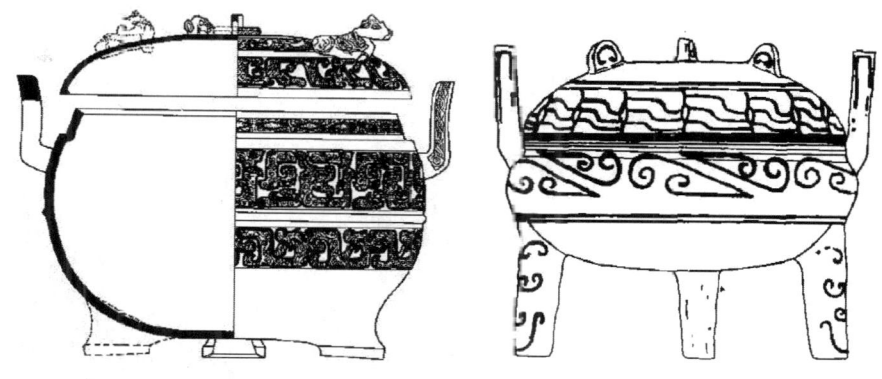

图3.63 洛阳出土战国铜鼎　　　图3.64 洛阳出土战国陶鼎

商周青铜鼎及其纹饰的文化内涵

迄今所见，饰有乳钉纹的商周青铜方鼎，鼎腹四面均用成排的乳钉纹构成一个斗形，同时绝大多数方鼎四面或四面四角饰饕餮纹（周鼎常见对称凤鸟纹），这是商周铜方鼎的一个规律。

分析那些乳钉纹的结构（斗形的左右侧或底部）和数量关系①，一般都吻合古代天文历法和易学的常数。这些常数包括：一年四时八节十二个月二十四节气七十二候三百六十天（取整数），阴历一年十三个月，月相周期数一年五十二个七日，十月太阳历一年十个月每月三十六天，二十八宿，六十甲子，四象八卦六十四卦三百八十四爻，"乾之策二百一十有六，坤之策百四十有四"（《易传·系辞》），河图五十五数洛书四十五数合计一百数。

尤其是商代早期大方鼎（包括张寨南街、南顺城街、向阳食品厂等遗址所出）乳钉纹的组织与排列极具规律性，它们具有严密的历数易数关系，寓含丰富的天文历法及易学内容，必然是经过认真计算、精心设计和制作的

---

① 计数遵循一个原则，即阴阳关系，有鼎耳的两面为阴阳，无耳的两面相对也为阴阳，阴阳两面需要同时计数。

结果。

以张寨南街出土的两件大方鼎为例，其纹饰设计、寓含的历数易数关系及文化内涵如分析图所示（一号鼎为长方形，仅考察正背两面即可；二号鼎为正方形，四个面视为一个整体。图 3.65-66；彩图 17-18）。

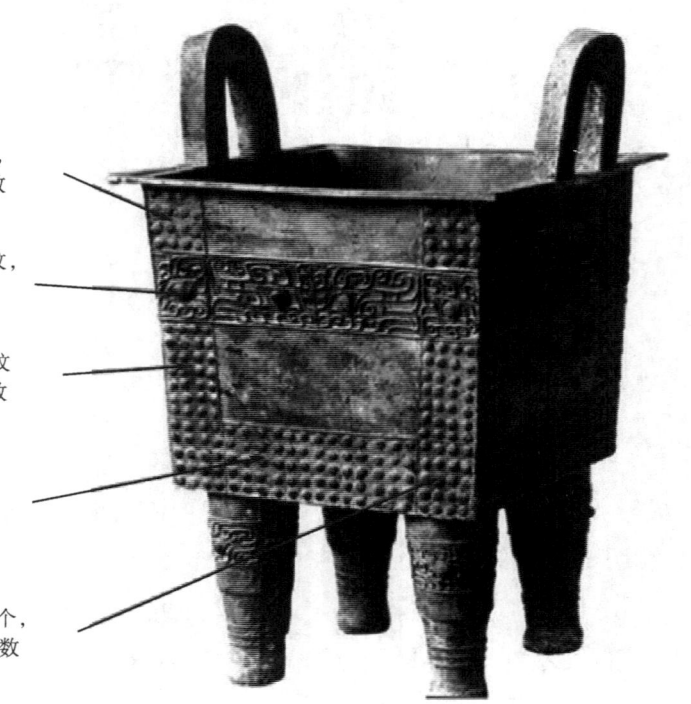

饕餮纹上方乳钉纹16×2个，加对面32个，合六十四卦数

鼎的四面四角各一个饕餮纹，合一年四时八节数位关系

饕餮纹下，斗形两侧乳钉纹均是7×4个，合二十八宿数

斗形底部乳钉纹13×5个，加对面65个，合计130个，为月相周期数

底部四角乳钉纹均是4×5个，为十月太阳历阴阳两年历数

图 3.65 郑州张寨南街杜岭出土一号铜鼎纹饰规律分析

除了商代早期铜方鼎，其他年代和地方的商周铜方鼎，其乳钉纹设计严密吻合历数易数也是常见现象。这个现象大致说明和证明：1. 那些乳钉纹排列为斗形（凹形），应该是寓意和象征北斗；2. 青铜器饕餮纹寓意北斗北极天神（商人想象中的天神）；3. 铜方鼎本身也象征和寓意北斗斗魁。

也因此，青铜鼎才成为国之重器，是国家及其政权的象征，"问鼎"就意味着对最高权力的觊觎。俞伟超和高明认为，在整套先秦礼乐制度中，用鼎制度占有核心位置。鼎器在青铜时代礼制中占有绝对重要性不是没有缘由的。

— 144 —

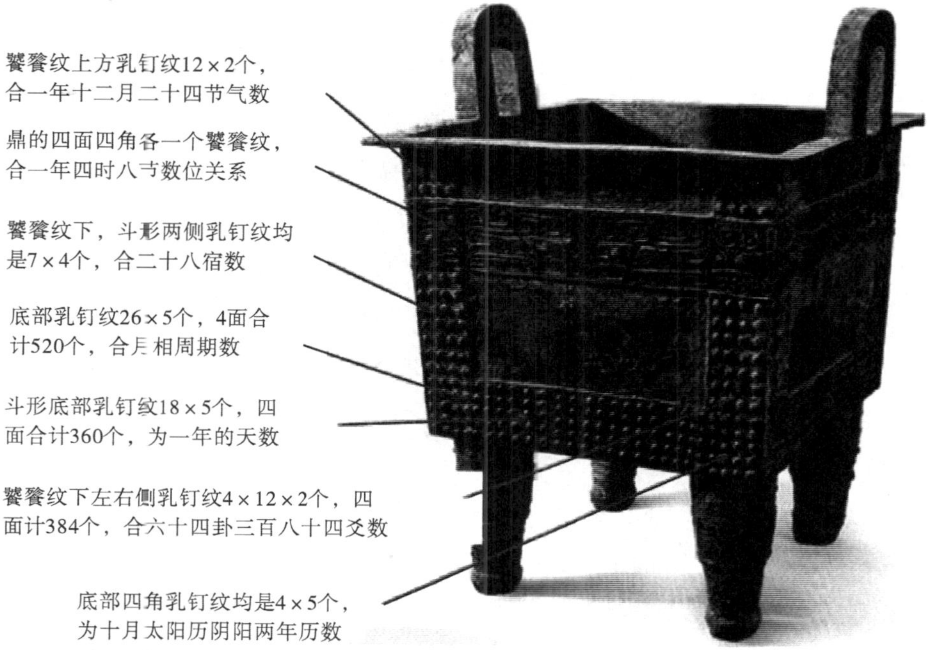

第三章 三代流芳：夏商周纹饰隐情秘义

饕餮纹上方乳钉纹12×2个，
合一年十二月二十四节气数

鼎的四面四角各一个饕餮纹，
合一年四时八寸数位关系

饕餮纹下，斗形两侧乳钉纹均
是7×4个，合二十八宿数

底部乳钉纹26×5个，4面合
计520个，合月相周期数

斗形底部乳钉纹18×5个，四
面合计360个，为一年的天数

饕餮纹下左右侧乳钉纹4×12×2个，四
面计384个，合六十四卦三百八十四爻数

底部四角乳钉纹均是4×5个，
为十月太阳历阴阳两年历数

图 3.66　郑州张寨南街杜岭出土二号铜鼎纹饰规律分析

关于禹铸九鼎问题

传说禹铸九鼎，到底有没有这件事呢？

《史记·周本纪》多次提到九鼎。最早是周灭商后，周天子"命南宫括、史佚展九鼎保玉"以示天下归周。楚庄王在王孙满面前问周鼎，《周本纪》认为问的就是九鼎。

王孙满回答楚庄王时，说大禹铸鼎，因夏桀失德鼎迁于殷，后商纣王失德，鼎又迁于周，似乎周鼎传自大禹所铸。但是《左传》又记载臧哀伯向鲁桓公谏曰"武王克商，迁九鼎于雒邑。义士犹或非之。"实际上营建雒邑（今河南洛阳）始于成王七年，武王时还没有经营雒邑。说明《左传》的记载也不大可靠。

二里头遗址被认为是夏朝中晚期的都城，但只有晚期出土了一件形制较简单的青铜圆鼎。该遗址出土青铜器都比较简单，除了爵和一件圆鼎，更无大件青铜器。研究表明，当时青铜器铸造技术较为粗糙，与商代早期那种体量巨大、纹饰繁缛精致的青铜器还有一段距离。而且，二里头出土陶鼎也没有复杂的纹饰或饕餮纹，只有网格纹。

如果大禹时期铸有九鼎，夏代中晚期的青铜器铸造技术应该更加成熟；从夏代中晚期青铜铸造技术的角度看，禹铸九鼎的可能性几乎没有。《尚书·顾命》记周康王即位大典中展示的传国宝器为："越玉五重：陈宝、赤刀、大训、弘璧、琬琰，在西序；大玉、夷玉、天球、河图，在东序。"没有最重要的九鼎。

当然，商代甲骨文里也没有"九鼎"的信息。

列鼎制度为西周统治者所创，九鼎只有周天子才配享有。"禹铸九鼎"很可能源自西周统治者的编造，只为标榜政权继承大统，具有合法性。即使周天子"展九鼎保玉"，那九鼎也非大禹所铸，不过以"大禹所铸"掩人耳目罢了。

第三章 三代流芳：夏商周纹饰隐情秘义

乐之极品：
编钟与黄钟大吕、天籁之音

编钟是古代的一种礼乐器，用于祭祀、宴飨、大型活动时演奏，一般由多件同类型的钟组成。编钟多用青铜制作（也有部分陶钟作明器使用），多为合瓦形结构，盛行于西周至春秋战国、秦汉时期。有钮钟、甬钟、镈钟之分，形制大同小异。

目前发现最早的编钟为宝鸡竹园沟出土，为西周昭王时期。之后，宝鸡茹家庄、长安普渡村等都出土穆王时期编钟。西周编钟多3件、8件、10件一组，也有7件、9件、13件、21件的。

春秋战国编钟有3件、7件、8件、9件、12件、13件、14件、20件、24件一组的。随县曾侯乙墓出土编钟是迄今所知最为宏伟壮观、声律最为齐备者。全套编钟64件，另有楚王赠送的镈1件。

钟和编钟在礼乐、音乐中的特殊价值与作用

古人对音乐的作用看得十分重要，认为它们与国家的盛衰兴亡有关。

司马迁《史记》说："是故治世之音安以乐，其政和；乱世之音怨以怒，其政乖；亡国之音哀以思，其民困。声音之道，与政通矣。"又说："郑、卫之音，乱世之音也"、"桑间、濮上之音，亡国之音也，其政散，其民流，诬上行私而不可止。"

夏商周三代青铜器礼制主要有三种：爵觚制度、鼎簋制度和编钟制度。爵觚配是商代礼制，鼎簋配是周代礼制，编钟制度则盛行于周代至春秋战国，由此可见编钟的重要性。

编钟不仅是权贵们身份和地位的重要标志，其在古代乐器、乐理中也有特殊地位和作用。铜钟、编钟在所有青铜乐器中具有统领地位，是古代乐器、乐律的象征。

钟由铙发展而来，钟大者称镈；钟之古音又同铎，铎之形又类似于钟。《说文》释铎："大铃也"。考虑到古人又将钟的不同部位称作"钲"、"鼓"等（图3.67），钟实际上与绝大部分青铜乐器（铙、镈、铎、铃、钲、鼓）都发生关联，仅南方地区流行的句鑃、錞于与钟无关。

为什么会出现这种情况呢？显然古人企图通过各种形式（内在或外在、形式或内涵、音或形、整体或局部）使钟能够代表所有青铜乐器。成语"情有独钟"里，钟有"汇集"之意，或许与古代乐钟的功能不无关系。

《史记·律书》说："王者制事立法，物度轨则，壹禀于六律，六律为万事根本焉。"六律即律吕，也叫十二律。在古代，十二律广泛应用于和声、医学、度量衡、天文历法、法规礼俗，故称"六律为万事根本"。古代还有孔子"吹律定姓"、"武王伐纣，吹律听声"等神奇故事。

十二律从低音到高音排列，依次为：黄钟、大吕、太簇、夹钟、姑洗、中吕、蕤宾、林钟、夷则、南吕、无射、应钟。十二律以黄钟为基准音，黄钟、夹钟、林钟、应钟占十二律名的1/3，说明钟在古人心目中和乐理中占有特殊地位。

"黄钟大吕"指正大庄严、气势雄浑的音乐，"黄钟毁弃，瓦釜雷鸣"（《楚辞》）是说正大庄严高妙的音乐遭到毁弃，而陶釜、瓦片的声音像雷鸣一样强大，正邪颠倒、是非错位。"黄钟"是音乐正向价值的象征。

"黄钟大吕"源出《周礼·春官·大司乐》"乃奏黄钟，歌大吕，舞云门，

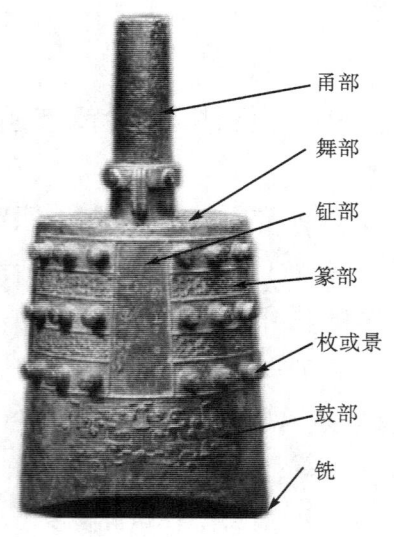

图3.67 古代青铜钟各部分的称谓

以祀天神"。可见其为祀天神之乐,与祭天有关。

钟和编钟与古代天学、易学的神秘联系

在古人的思想观念和精神世界里,钟和编钟不仅在礼乐、音乐中具有特殊价值与作用,它们与古代天学、易学也存在着神秘而深邃的联系。

自西周至汉代,几乎所有钟的"枚"都是36个(极少数为24个或其他),它们呈四方位分布,每方位9个分3层设置。

查《古器造型与纹饰》,凡有"枚"的钟莫不如此。有些钟的"枚"为短柱或乳钉纹,有些钟的"枚"为蟠龙纹、蟠夔纹、蟠螭纹、圆涡纹或云螭纹,但36个枚按四方位每方位9个分3层均匀分布的格局却不变。

全国各地出土汉以前的钟、编钟也是如此。如三门峡虢国墓地出土编钟8件、虢仲全铃钟8件,安徽寿县蔡侯墓出土绉钟8件,洛阳东周王室墓出土9件一套、5件一套计两套编钟,湖北曾侯乙墓出土编钟64件等等,每件编钟都是36个枚,按前述格局布设。

古代铜钟这种设计,与我国自远古以来曾长期使用的一种历法即十月太阳历有关,也与八卦有关。

十月太阳历将一年分做10个月,每个月36天(其余5~6天为过年日),古代钟体上的枚与十月历一个月的天数吻合。它们都是按一分为二的方式布设在钟体上两个相对的立面,又二分为四布设在四个篆部区间。这个格局吻合"太极、两仪、四象、八卦"之象数。

由于每个篆部区间都用横线分割成五道横格,整个钟体圆周立面的横格即是20道,为十月太阳历阴阳两年的月份数。即是说每件铜钟都可以作十月太阳历的历书使用,钟体上36个枚纪日,横格纪月纪年。

不仅如此,古代铜钟、编钟还有更丰富、复杂的历数易数设计。

天马-曲村遗址晋侯墓地出土一件铍钟,其钟体上除了36个柱状枚,还有许多细小的乳钉纹,其排列很有规律性(图3.68;彩图19):

钟体上周小乳钉纹36个,单面则是18个;下周小乳钉纹也是36个,单

中国上古纹饰初读

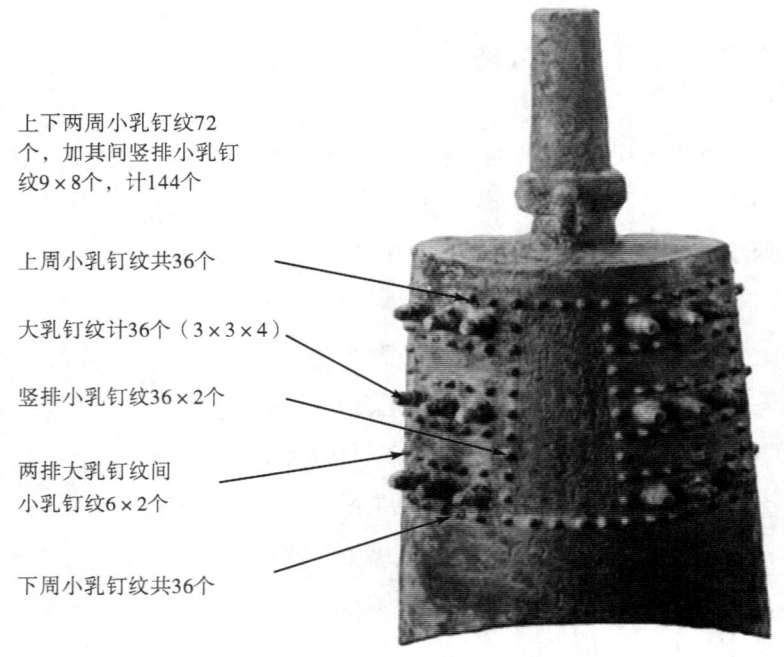

图 3.68　晋侯墓地出土铜钟

面 18 个；二者合计 72 个。上下两周小乳钉纹之间，每个篆部区间两侧，各有一列 9 个竖排小乳钉纹，计其数单面 36 个，整体 72 个。这些小乳钉纹的设计不仅反映十月太阳历历数，还与一年七十二候以及"坤之策，百四十有四"（《易传·系辞》）易数相合。

篆部每两排柱状枚之间，又有两排小乳钉纹，每排 5 个计 10 个。这个数位关系与阴阳五行十月太阳历数关系吻合，进一步证明铜钟纹饰设计的主题为十月太阳历。

此外，古代墓葬出土成套编钟其件数与历数相合亦为常见现象。如新郑郑国祭祀遗址多处祭祀坑出土编钟均为 24 件（T606K4，T615K8，T615K16 等），合一年二十四节气数；河南博物院展出一套郑国祭祀遗址编钟 24 件，其中编镈 4 件、甬钟 20 件，又分别与一年四季和十月太阳历阴阳两年的月数相合（图 3.69；彩图 20）。

图 3.69 郑国祭祀遗址出土编钟（河南博物院藏）

战国曾侯乙墓编钟是中国迄今发现数量最多、保存最好的一套，64 件编钟有 45 件为甬钟，19 件为钮钟，分 3 层 8 组悬挂在钟架上，这些数量关系全部合于易数、万数：64 件编钟合六十四卦之数；45 件甬钟合洛书四十五数；19 件钮钟合十九年七闰历数；"3 层 8 组"合三爻八卦之数。编钟的构成和组合关系可以说是根据历数、易数而设计和制作的。

与 64 件编钟同出的还有楚惠王赠送的镈一件。《仪礼·大射礼》郑玄注："镈如钟而大，奏乐，以鼓镈为节。"可见镈是一种指挥乐器，有"太极"之意。

钟和编钟发出的声音乃"天籁之音"

有少数钟纹饰主题不是十月太阳历或 36 个枚，但其纹饰设计还是与古代天文历法有关。

如曾侯乙墓那件镈钟，篆间不分横格，只有五个扁乳钉枚按东南西北中五方位设置。单甬两区为 10 个枚，其数位关系可寓意阴阳五行十月太阳历；

— 151 —

整个钟体篆部四区20个枚，为阴阳两年的十月历数（图3.70）。

洛阳解放路出土战国镈钟一组3件，每件镈钟其篆间的枚总数为24个，分四区单面两区为12个，每区6个上下两排各3个。枚的总数与分组合一年十二个月二十四节气数，因此其篆间横格不再分为五格，而是阴阳相间分为四格，单面8格，以合一年四时八节数关系（图3.71）。

图3.70 曾侯乙墓镈钟

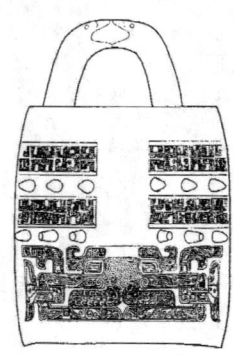
图3.71 洛阳出土战国镈钟

绵阳双包山汉墓出土1件陶钟，其乳丁纹枚总数为28，分四区每区7个按2、2、3排列三排，这些乳丁纹枚的设置合四陆二十八宿数位关系（图3.72）。

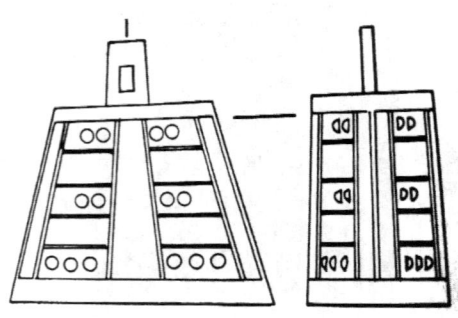
图3.72 双包山M2东后室出土陶钟纹饰

第三章 三代流芳：夏商周纹饰隐情秘义

考察汉以前铜钟造型，绝大部分其底部都不是平的，而是互相对称的两段圆弧状"⌒"（图3.73）。这样造型，铜钟只能悬挂在空中，而无法直立在地平面上（实际上平底圆周的钟也是悬挂使用。图3.74），使用时钟的声音就是从空中传来，又在空中回荡。

图 3.73　西周晚期柞钟　　　　图 3.74　安徽天长汉墓镈钟

在古人眼里，天穹是圆弧形的，"天圆地方"即这种认识。考虑到中国古人将音乐的至高境界称为"天籁"（即天上的声音）以及钟体纹饰、枚的设计与天文历法之间的关系，铜钟底部的圆弧造型不是刚好可以模拟古人想象中天穹的形象吗？

钟的纹饰表明，古人视钟发出的声音为天上的声音，其形制又能完美契合，实为理想造物。统治者既然视自己为"天子"、受命于天管辖老百姓，那么听听天上的音乐也是理所当然。考虑到青铜鼎的形制和纹饰也是以天文历法、天象为主题，那么"钟鸣鼎食"显然是古代统治者为自己营造的一个听天上音乐、在天上宴饮生活的理想境界和极乐世界。

长达1200年的罕见文化现象

钟、编钟实际上由商代晚期的铙、编铙发展而来，二者形制差不多，区别主要在于铙的使用是将柄部朝下执于人手或固定于基座再行敲击,而非柄部朝上悬挂使用。作者迄今所见,铙、编铙上枚的设置也都合历数,其纹饰主题为天文历法(图3.75)。

从商代晚期铜铙(约3200年前)到西周-春秋战国-秦汉(约2000年前)铜钟,约1200年时间,无以计数的36枚制式铜铙、铜钟广布于中华大地,在中国历史上、在世界文化史上,都是一个罕见现象!

我们判断,从商代晚期到秦汉,所有有枚铜铙、铜钟其枚的设置都与古代天文历法常数有关,主要是十月太阳历,极少数是十二月二十四节气历法、二十八宿以及相关的四时八节、阴阳五行等——前述天马-曲村晋候墓地铜钟那种细小乳钉纹除外。

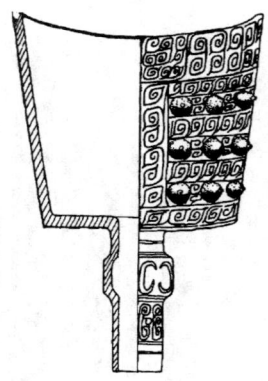

图3.75 商代铜编铙
(湖南宁乡)

第四章
各展其能：
春秋战国的纹饰秀场

礼崩乐坏　王室衰微
诸侯争霸
合纵连横
纹饰　也是时代的一张晴雨表
无论因循守旧还是藐视那王朝和道统
纹饰的诉求
总伴随着诸侯和强人的梦幻

春秋战国　人类文明的轴心期
思想文化大发展大繁荣
同时，也是丛林法则盛行的时代
统治阶级的意志
就是国家和民族的意志
铁马金戈、折戟沉沙的背面
刻下惠及人类千年的思想和智慧

各美其美：春秋战国青铜器纹饰的新变

与商周相比，春秋战国青铜器纹饰的变化和特征主要在以下几个方面：

一是具有装饰风格的蟠螭纹、蟠虺纹等成为代表性纹饰，取代了主题性的饕餮纹、夔龙纹、凤鸟纹以及过渡性的窃曲纹、龙鳞纹、环带纹等；二是纹饰种类及表现的题材、内容丰富多彩，现实生活感很强的写实性纹饰如植物纹、动物纹、几何纹以及人物画像大量出现；三是由于错金银、鎏金、镂空花纹等新工艺、新技术的产生，使部分青铜器装饰更加华丽，视觉效果大为增强；四是青铜镜成为纹饰载体中有代表性的新器类，山字镜成为春秋战国铜镜的重要类型和一大特征。

总体上，春秋战国青铜器作为礼器的性质和功能越来越弱化，青铜器纹饰的神性和礼制功能越来越弱化，无论器物还是纹饰都逐渐从神圣的礼仪空间走出来，越来越人间化，故纹饰题材和内容都更加丰富多彩。

春秋战国青铜器流行的纹饰

从西周中后期开始至春秋前期，中原地区青铜器流行简省的动物纹如窃曲纹、龙鳞纹（也称重环纹）、环带纹（又称波曲纹）、瓦纹等。这些纹饰相对于商周饕餮纹、夔龙纹、凤鸟纹，已趋向简化、敷衍以及形式主义的风格特征。

春秋中期以后，窃曲纹、龙鳞纹、环带纹大为减少，逐渐消失，而蟠螭纹、蟠虺纹则大量出现，成为青铜器纹饰的主流。由于春秋战国青铜器

第四章 各展其能：春秋战国的纹饰秀场

最为流行的纹饰先后是蟠螭纹、蟠虺纹，故有学者称之为蟠螭纹与蟠虺纹时期。

蟠螭纹也称小龙纹，是一种没有角的龙，常作交龙形式的二方连续排列，其早期多粗壮，晚期多纤细。蟠虺纹与蟠螭纹近似，实际是体躯作卷曲和交连状的小蛇纹，其结构更加自由、个体更加细小，常作二方连续和四方连续排列。

与商周饕餮纹、夔龙纹、华冠凤鸟纹相比，蟠螭纹、蟠虺纹的神性大为减弱，甚至没有生气。古人说"龙无尺木，不能升天"，就是说没有角的龙不是真龙，是上不了天的。蟠螭纹、蟠虺纹都是小龙小蛇，它们的流行正与商周大一统局面的结束相适应。

春秋战国青铜器还流行各种龙纹、鸟纹、羽翅纹、云雷纹、兽头等。尤其是云雷纹及其变形图案，样式较多，如钩连雷纹、菱形雷纹、方块雷纹、长方形雷纹等。战国时期，云雷纹发展成为线条活泼的流云纹。

有人物画像的场景是春秋战国青铜器纹饰一大特色，涉及的题材、内容与情景有宴饮、弋射、采桑、狩猎、徒兵搏斗、攻城、水战、建筑等等。

故宫博物院藏战国宴乐狩猎攻战纹壶，其主体纹饰分三个区间：

颈部一周表现射礼和采桑情景。腹部分上下两半段。上半段左侧表现飨食礼，上为宫室宴飨下为击磬伐鼓鸣钟场景，右侧表现弋射和捕鱼情景。腹部下半段表现水陆攻战场面：左侧为陆战，城下战士架云梯奋力攻城，守城战士在城上据势抵抗，地上有从城上或云梯掉下的战士；右侧为水战，上面两船相对士兵处于激战状态，下面两船的桨手正奋力划船，向对方行进，水里有鱼和被斩杀掉下的人。三个区间都用双线纹内填三角形云纹组成的纹饰带做间隔和外框，足部一周饰六个兽首样的心形纹（图4.1）。

春秋战国青铜器纹饰欣赏

山西柳泉墓地出土镂空蟠螭纹鼎，腹壁分内外两层，外层为上下两排镂

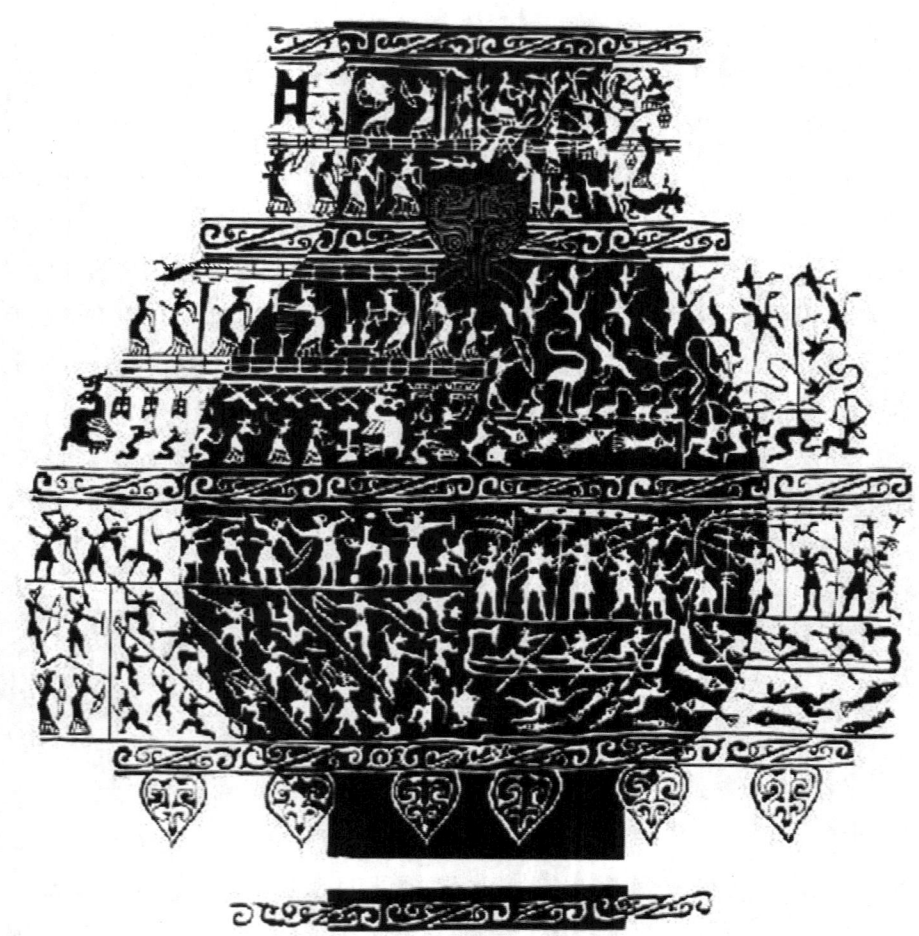

图 4.1 故宫博物院藏战国铜壶宴乐狩猎攻战纹（倪玉湛）

空铸造的蟠螭纹结构，造型独特、新颖别致，显示了当时高超的青铜铸造工艺（图 4.2）。

洛阳出土错金银铜鼎，器身及盖满饰错金银的四瓣团花和三角纹带。所谓四瓣团花，其实是内为金色八角星纹、外围四个银色火纹的组合；八角星纹寓意八卦，火纹是大火崇拜和火历的象征符号，此"四瓣团花"是八卦与历法相关的物证之一（图 4.3；彩图 22）。

第四章 各展其能：春秋战国的纹饰秀场

图 4.2 战国镂空蟠螭纹鼎

图 4.3 战国错金银鼎

郑国祭祀遗址出土铜方壶，其颈部饰环带纹，器耳上饰兽首，腹部主要饰对称双龙纹。龙为一首双身、龙舌吐出、龙角内卷；正背两面龙纹下方再饰相背的无足小夔龙一对，龙身为环带所缠绕；侧面的龙纹其双身与一对无足小夔龙相交，龙身后段各饰一鸟兽纹位于龙首两侧。壶盖和底座上有蝉纹、窃曲纹（图 4.4）。

淅川下寺楚墓出土一批金箔，考古学家推测可能是漆木器和皮甲上的装饰物。这些金箔上压印有绹索纹、夔龙纹、蟠螭纹等，而且常常是夔龙纹、蟠螭纹在内，绹索纹在外。如一件环形金箔，

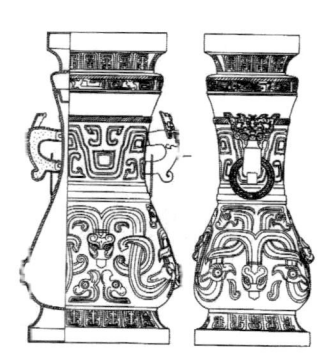

图 4.4 郑国祭祀遗址铜方壶

正面压印一周二十八条互相盘绕的夔龙，内外两边均为绹索纹，让人想起"今日长缨在手，何时缚住苍龙"的句子；另一件圆形金箔，中央为青铜器上常见的四分圆式火龙纹，外围两周互相盘绕的夔龙纹，分别是 12 条和 24 条，其间插入一周绹索纹。这些纹饰显然与表现一年十二个月二十四节气、周天

— 159 —

二十八宿有关，绹索纹的寓意应该是对以龙为象征和代表的天文历法的掌握和控制（"捆缚"，图4.5）。

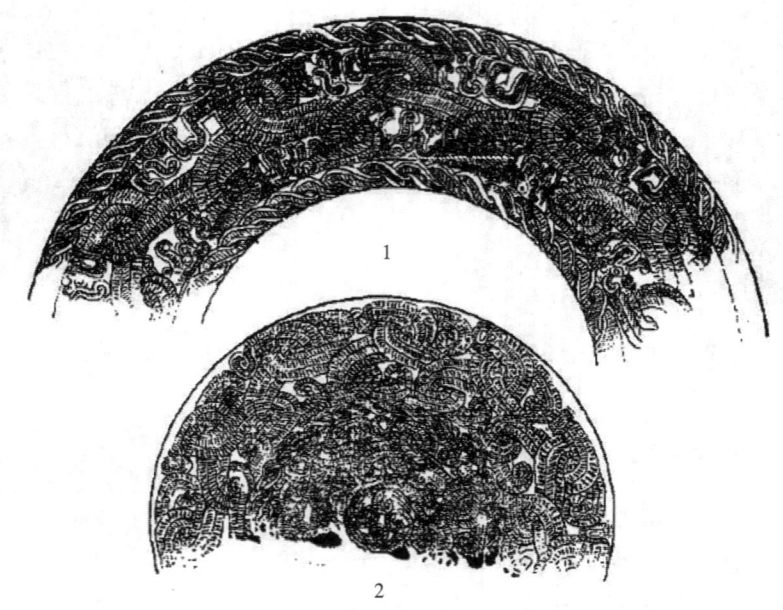

图4.5　淅川下寺春秋楚墓出土圆形金箔纹饰

春秋战国铜镜的主要纹饰

有人把中国铜镜史最繁荣和有代表性的时期归结为四个即战国、汉代、唐代、宋代，有人归结为三个时期即战国、汉代、唐代，都说明战国铜镜的地位和重要性。

战国早期，铜镜纹饰比较简单，多弦纹、连弧纹；战国中期，铜镜及其纹饰的制作工艺都获得长足进步，常见蟠螭纹、蟠虺纹、龙凤等动物图案（图4.6-7；彩图23），以及几何形纹饰、山字镜、狩猎纹、花瓣纹、叶纹等等；战国晚期，不少新工艺如透雕、镶嵌、错金银等等，都运用于铜镜及其纹饰的制作，汇集了整个青铜工艺最先进的技法。

国家博物馆藏三龙十六连弧纹铜镜，其内圆饰八瓣花形让人联想一年四时八节，所谓十六连弧纹也是十六角星纹，可与古代一日十六时制相联系。三龙纹均作反 S 形，是太极图和阴阳的象征性符号，与龙纹、古代天文历法属同一个知识体系（图 4.7）。

图 4.6　战国蟠螭纹镜

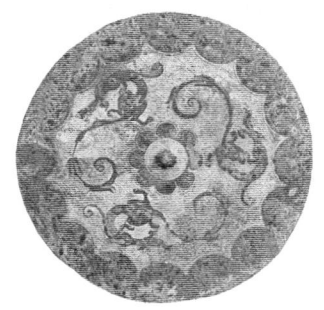
图 4.7　战国三龙十六连弧纹铜镜

流行山字镜是战国铜镜的一大特色，但主要流行于早中期，战国晚期少见。虽然从北方的燕国到南方的楚国都出土山字镜，但绝大多数都出土于楚地。山字镜有三山、四山、五山、六山等几种形式，四山镜最多（图 4.8-11）。

图 4.8　战国三山镜

图 4.9　战国四山镜

图 4.10　战国五山镜　　　　　图 4.11　战国六山镜

第四章 各展其能：春秋战国的纹饰秀场

多姿多彩：春秋战国玉器纹饰的新气象

从承载思想文化的角度看，玉器及其纹饰在远古曾达到一个高峰，有代表性的是良渚文化、凌家滩文化和红山文化的玉器及其纹饰。

夏商周-春秋战国时期，青铜器纹饰是当仁不让的栋梁和主流，陶器、玉器、漆器纹饰处于次要地位。虽然如此，三古玉器及其纹饰仍然是研究古代思想文化不可忽视的重要材料。

商代晚期被认为是中国玉器艺术史上自远古以来的第二个高峰，但春秋战国玉器在器类、形制、制作技术尤其是功能、纹饰方面都产生了新的变化，有自己的特点和新气象。

夏商周玉器纹饰及代表作欣赏

目前发现夏代玉器不多，主要类型有玉圭、玉钺、玉戈、玉刀、玉牙璋、玉柄形器等，多为礼器，也有部分装饰品。夏代多大件玉器，如二里头遗址出土玉钺、玉戈、玉刀、牙璋等，多器型硕大，具王者之气。玉器纹饰主要有犀牙、兽面纹以及直线、交叉斜格或菱形纹、云雷纹等几何形阴刻细线纹。

商代玉器数量很大，常见龙、凤鸟、虎、饕餮、牛、虫等动物图像以及人像或造型，尤其各种鸟的造型很多（图 4.12-14）。几何形纹饰极其丰富，有直线、斜线、重环、对角方格、三角形、双连弧、卷云、云雷、菱形、方折纹、回纹等等。造型及纹饰有刚直的风格和特点。

图 4.12 商代玉龙

图 4.13 商代玉鹦鹉

图 4.14 商代玉人

商代晚期,玉器品种、工艺、数量都令人惊叹,以殷墟出土最为典型。据不完全统计,1949年前殷墟出土玉器1200件以上,1949年后仅商王武丁妻子妇好的墓葬即出土755件。这些玉器品种繁多、造型各异、制作精美,特别是圆雕人物、动物及各类装饰玉、佩玉,代表了商代玉器的发达程度和工艺水平。

西周玉器类型和纹饰都有简化倾向,出现了大型的结构复杂的组佩,典型器物有双龙首玉璜、玉玦和双人首玉璜、玉玦等,也有少量人物和动物圆雕及玉质容器。写实的动物造型玉器逐渐减少,想象夸张的动物造型相对较多。常见纹饰有鸟纹、夔纹、虎纹、卷云纹、重环纹以及其他各种动物、人物纹饰,线条多呈圆转灵活的弧线,讲求曲线美。

殷墟出土弦纹玉璧,表面打磨光滑,纹饰极细腻工整、严谨认真,不像其他商代玉器纹饰那样狞厉、粗糙和刚劲,也不似一般器物弦纹那样粗疏、简略,这样精心的制作可能另有深意。玉璧从内到外用细弦纹刻出六个凸起

第四章 各展其能：春秋战国的纹饰秀场

的同心圆圈，其中四组细弦纹每组都是三条合计 12 条，加最内的一条共 13 条，这些数量关系合一年十二个月及月相周期数。玉璧自内而外的六道凸起同心圆纹，令人想到古代的"七衡六间图"①（图 4.15；彩图 25）。

图 4.15　殷墟出土弦纹玉璧

商代玉牙璧外缘一周四齿，其间分布四组更小的齿牙，每组六个一周计 24 个，合一年四季十二个月二十四节气历数（图 4.16）。天马-曲村晋侯墓地出土西周玉环，外缘一周七组齿牙，每组四个合计 28 个，合二十八宿数；玉环靠外缘一周又有四组小孔，每组两个均衡分布于四方位，合一年四时八节数（图 4.17）。这些纹饰严密吻合天文、历法常数，说明这些玉璧、玉环确

---

① 七衡六间图见于《周髀算经》，是古代天文学"盖天说"宇宙观解释天高地远和太阳运行规律的示意图，对战国时期及以后的天文学产生了巨大影响。近期王煜研究，妇好墓出土铜镜纹饰也是七衡六间图的反映。据冯时研究，其起源要上溯到 5500 年前濮阳西水坡仰韶文化遗迹。

实被赋予了"圆以象天"的象征意义。

图 4.16 商代玉牙璧

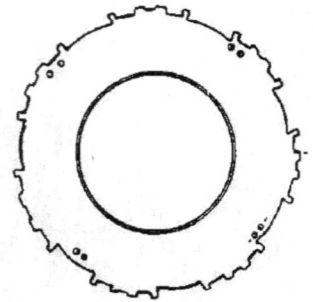

图 4.17 西周玉环

西周夔龙纹玉璜、西周人首纹玉璜，为"并封"式两首一身结构，皆寓意阴阳（图 4.18-19）。

图 4.18 西周夔龙纹玉璜

图 4.19 西周人首纹玉璜

春秋战国玉器及其纹饰的新气象

与夏商周相比，春秋战国玉器及其纹饰有几个新的变化：

一是器类的变化。春秋战国玉器可分为礼器、丧葬器、装饰品、适用品等几大类，也有人将其分为礼器、用具、装饰品和艺术品四大类。夏商周的武器、工具类基本绝迹，圭、璋等礼器和玉组佩盛行。

二是功能的变化。由于王权衰落，玉礼由宗教祭祀领域广泛进入日常生活，玉佩饰成为最流行的装饰，形成了"君子无故，玉不去身"的社会风尚，最有代表性的是各种造型优美的龙、虎、凤形玉佩。

三是纹饰的变化。玉器纹饰主要有蟠虺纹、蟠螭纹、谷纹、涡纹、云纹、勾连纹、卧蚕纹、云雷纹、兽面纹、窃曲纹、蚕纹等（图4.20-22）。蟠虺纹、蟠螭纹是新流行的纹饰，谷纹、蒲纹是新出现的纹饰（图4.21；图4.23）。

 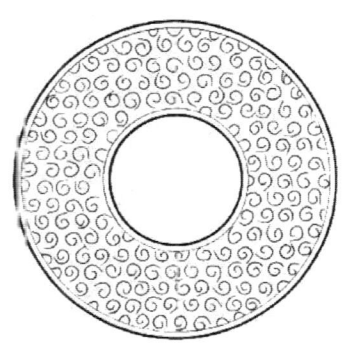

图4.20 春秋兽面纹玉器　　　　　　图4.21 战国谷纹玉璧

图4.22 春秋蟠虺纹玉器

四是工艺的变化。此期玉器镂孔技术更加高超，铜嵌玉工艺很普遍。玉石、绿松石、玛瑙、宝石等材料与金银错、嵌红铜、鎏金等工艺相结合，产生了一批精湛的镶嵌玉作品，如绍兴战国墓、中山国王墓、辉县魏国墓地、信阳长台关楚墓等都有出土。

《周髀算经》"七衡六间图"的简化形式为三衡图，用三个同心圆表示：外衡（外圆）为冬至日太阳轨道，内衡（内圆）为夏至日太阳轨道，中衡（中圆）为春分秋分日太阳轨道。据冯时研究，三衡图已见于远古时代红山文化祭坛及含山凌家滩出土玉璧。比较可知，上海博物馆藏战国三环谷纹玉璧亦当据三衡图而制作（图4.24）。曲阜鲁国故城出土两件玉璧通过纹饰也反映了三衡图的内涵，只是衡间饰有谷纹、蟠虺纹或蒲纹（图4.25-26）。

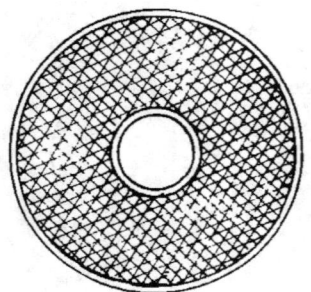

图4.23　战国蒲纹玉璧

图4.24　战国三环谷纹玉璧

图4.25　鲁国故城出土玉璧

图4.26　鲁国故城出土玉璧

双龙首玉璜是春秋战国玉器常见的造型（图4.27-28），其源头可上溯至西周甚至远古时代，其寓意即阴阳两仪。

第四章　各展其能：春秋战国的纹饰秀场

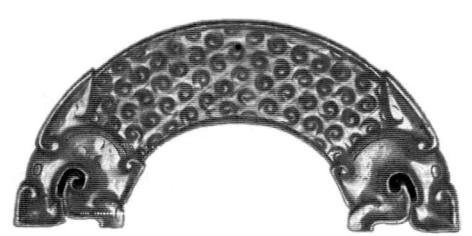

图 4.27　战国双龙首玉璜

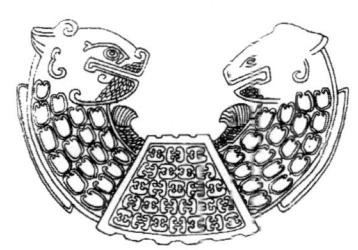

图 4.28　战国龙纹玉玦

夸张浪漫：楚文化漆器纹饰的魔幻世界

我国远古时代即有漆器，如河姆渡遗址出土漆碗。夏商周时期，制漆业已经成熟，而且漆器制造水平较高，漆器纹饰大体上与青铜器纹饰同步，只是完整保存下来的罕见。

春秋战国时期，漆器得到长足发展。战国-秦汉时期，青铜器衰落而瓷器时代又未到来，因而成就了中国古代漆器的空前繁荣，战国著名思想家庄子就做过漆园吏。

在战国漆器中，楚国漆器占有最为重要的地位，漆器造型及纹饰最为丰富和瑰丽神奇、艺术性最强，具有鲜明的地域特征及丰富的文化内涵。至秦汉时期，这种优势在荆楚之地得到延续。可以说，漆器及其纹饰是楚文化最具代表性的文化成就之一。

楚国漆器纹饰除植物纹较少，其他各种动物纹、几何纹、自然景象、神话传说、社会生活类，内容和形式都非常丰富。当然最突出的还是以凤鸟为核心的器物造型和纹饰，它们自由不羁、夸张浪漫甚至汪洋恣肆的造型和风格，营造了完全与自然和现实相异的楚文化漆器纹饰魔幻世界。

虎座鸟架悬鼓与虎座鹿角飞鸟

楚文化有两类器物都以塑造极度夸张、张扬的凤鸟形象著名：一是虎座鸟架悬鼓，二是虎座鹿角飞鸟镇墓兽，一般都是漆木器。两者都以塑造高大、雄伟的凤鸟为特征。

虎座鸟架悬鼓只见于高等级楚墓，其造型都是两只背向而立的高大凤鸟踩在两头矮小而伏卧的虎背上，双凤之间系悬一面大鼓（图 4.29-30）。这种造型明显带有颂扬凤鸟而贬踏老虎之意。传说楚人远祖祝融是一只凤鸟，这也是楚文化器物及纹饰多凤鸟造型、把凤鸟塑造得光辉绚丽的主要原因；从这个角度看，虎座鸟架悬鼓中的虎形可能有某种特别的象征意义。

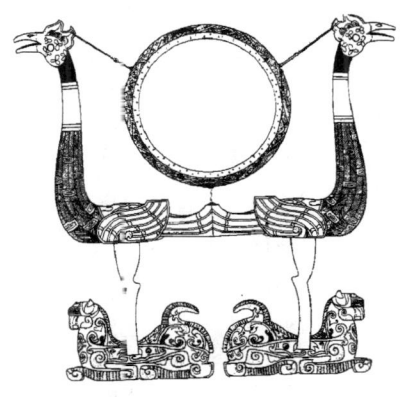

图 4.29　虎座鸟架悬鼓
（江陵望山）

图 4.30　虎座鸟架悬鼓
（信阳长关台）

楚墓出土镇墓兽漆木器，也常以卧虎为座，上立飞鸟，飞鸟背上插鹿角（图 4.31）。有些镇墓兽仅有虎座上的飞鸟（图 4.32），或者没有虎座而是鹿

图 4.31　鹿角虎座飞鸟

图 4.32　虎座凤鸟镇墓兽

角飞鸟站在一个方形底座上（图 4.33），或者由鹿角、兽面兽形、方形底座组成（图 4.34）。这些器物在墓葬中的作用都一样，即辟邪镇妖护卫墓主——后面几种形式可能是完整的虎座鹿角飞鸟镇墓兽的简化或演变。这些镇墓兽造型也是卧虎矮小、凤鸟和鹿角具有高大形象，其中虎形和凤鸟的寓意应该与虎座鸟架悬鼓中的虎、鸟一致。

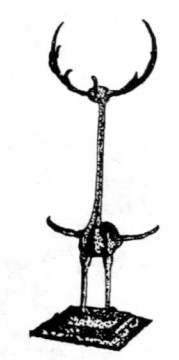
图 4.33　鹿角立鹤

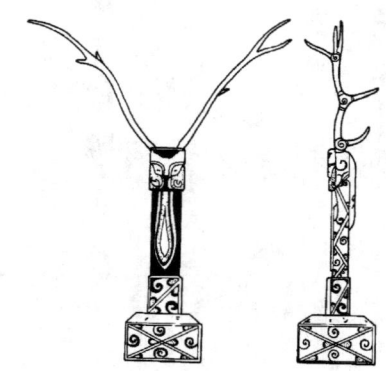
图 4.34　鹿角镇墓兽

凤鸟踩在虎背上、凤鸟或者怪兽身上长（插）鹿角、凤鸟高大威武雄壮而老虎矮小驯服，这些都是自然界和现实生活中不可能有的，可以说完全是楚国上层贵族（统治阶层）想象的产物。那么它们到底是什么意思呢？

根据古代文献与祝融有关的传说可知，祝融是擅长大火星观测、崇拜大火星、习用火历的族群，即楚人崇拜的凤鸟可能是心宿的象征物——这也是中国文化自远古以来的传统。由此，信阳长关台楚墓虎座鸟架悬鼓凤鸟口中所衔圆珠物可得合理解释，即它象征大火星。同时楚在南方，其分野①与二十八宿之南朱雀相关，故楚人崇拜的凤鸟还可能象征南朱雀。

据冯时研究，战国晚期之前，四宫星象中的北宫一直用鹿（麒麟）作为象征物，而非玄武（龟蛇）。这样，对虎座鸟架悬鼓和鹿角镇墓兽中的虎、鸟、鹿三种动物可以给出合理解释。

---

① 古人认为，天上的分区和星宿与地上不同地域的州、国具有一一对应关系，这就是分野思想。一般以二十八宿所在方位配对相应地域的国家和地区，称为分野。也有其他分野方法。

凤鸟兼有南宫朱雀和东宫心宿之象征，鹿角代表鹿，为北宫之象征，虎为西宫之象征。南朱雀是楚国分野的星象，心宿与远古祖先祝融有关，二者必须崇拜；北宫鹿象当与遥远的北国相关，与楚人楚地无关，而虎是战国时期楚国的主要敌对方巴、蜀的崇拜物。这样看来，虎座鸟架悬鼓和虎座鹿角飞鸟镇墓兽的产生，应该是出于一种巫术心理和愿望，即楚国上层统治者寄望于将东南北三宫星象神灵团结在一起、一致对付西宫虎象的产物。

凤鸟理所当然是楚人的保护神，北宫鹿象与楚无关，所以鹿神成为楚人需要拉拢、团结和崇拜的重点对象，这可能是镇墓兽后来简化为只插鹿角的原因。春秋战国时期，巴、楚关系时好时歹，巴、楚多次互相攻伐，它们又不止一次联合起来灭掉其他小国，这可能是有些镇墓兽用虎座、有些不用虎座的原因——有虎座就是对虎星的一种压制，没有虎座则表示对巴人没有敌意。

从天文、星象崇拜及国际关系角度，楚墓出土镇墓兽和虎座鸟架悬鼓可得充分合理的解释。楚国镇墓兽插着巨大鹿角的飞鸟和虎座鸟架悬鼓上似乎张口鸣叫的凤鸟，将楚庄王那种"三年不蜚，蜚将冲天；三年不鸣，鸣则惊人"的精神表现得淋漓尽致！

楚文化其他典型器物纹饰及其寓意

楚文化器物纹饰特征鲜明，典型器物及纹饰都很多，除了漆器是纹饰的主要载体、代表着楚国装饰艺术的最高水平，还有青铜器、玉器、帛画、丝绸等等都有丰富的图案、纹饰。以下选择部分典型器物及其纹饰给予简介。

江陵马山楚墓发现大量精美绝伦的丝织品，其刺绣图案、纹饰有龙虎凤等动物形象，以歌颂凤鸟为其中最重要的题材与主题。如一幅丝绸刺绣，四只凤鸟均为八字脚站立，双翅透迤而下犹如身披大氅，巨大的尾巴又直又高，尾尖弯曲挂在花枝上（给人的感觉真是"尾巴翘到天上去了"），头扭向右侧，一幅桀骜不驯、什么都无所畏惧的样子（图4.35）。另一幅丝绸刺绣，两只凤鸟头部如枭，头上有巨大花冠垂下，双翅弯曲上举犹如人的两臂，翅尖处又刺绣为凤首，成为"三首一身"的凤鸟，且为花枝所围极富浪漫气息——此三首凤主体造型犹如火纹，凤鸟、三首、火纹形状，反复寓意心宿三星（图4.36）。

图4.35　马山楚墓丝绸凤鸟纹　　图4.36　马山楚墓丝绸凤鸟纹

沙市喻家台楚墓出土彩绘漆瑟，其首部纹饰为：主体图案是一开屏的大孔雀站立于树林里。大孔雀颈、腹下各有一小鸟，象征其受到大孔雀的保护。图案右下方有三只较小孔雀，其中略大的一只咬住图案右上方蟠蜷逶迤而下的龙蛇的颈部，说明楚人对龙蛇没有好感。大孔雀和三只小孔雀的头部都不是写实的画法，只用一个璧形圆圈代替头部和眼睛；古代以璧喻天，说明这些孔雀纹非世俗动物，而是天上神鸟（图4.37）。漆瑟尾部纹饰为：主体仍然是一只大孔雀，其双脚下有一小鸟受到保护。孔雀颈下腹前有一龙蛇纹呈猥琐状卷曲弯头向下，与孔雀的光辉形象截然相反；孔雀开屏的尾后有一对头部方向相反的交龙。孔雀背上满身麻点的匍匐动物应该是蟾蜍。蟾蜍象征月亮，孔雀头部、蟾蜍颈部均是璧形纹，寓意本图像表现的是天上景象，孔雀为天上神鸟（图 4.38）。

图 4.37　彩绘孔雀纹漆瑟·首部（沙市喻家台楚墓）

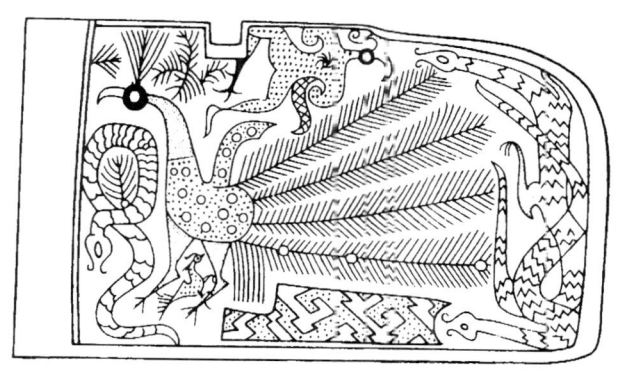

图 4.38　彩绘孔雀纹漆瑟·尾部（沙市喻家台楚墓）

曾侯乙墓出土漆鸳鸯盒，一面为乐人撞钟图，另一面为建鼓①舞（图 4.39）。乐人撞钟图描绘两龙相向而立，口衔悬挂钟、磬的乐器架，旁边一鸟首人正在撞钟。建鼓舞图系在龙座上立一木柱，木柱上悬挂一面大鼓，左侧一佩剑鸟首人正在舞蹈，右侧一鸟首人扶锤击鼓。木柱上有枝丫，应为《山

---

① 建鼓即立鼓、悬鼓，将鼓高悬于木柱上敲击。

海经》描述的建木、若木之类,是神话中远古帝王们登天的神树,故乐舞图也是表现天上场景,而非人间俗事。这两幅乐舞图也是"扬凤抑龙",龙只是被安排作工具用,而凤鸟被神化为人。

楚文化器物纹饰中最重要的四种动物是凤、鹿、龙、虎,它们反映楚人最核心的思想文化、精神信仰,而其根源在于天文和星象崇拜。楚文化的主要特征可以概括为:踏虎抑龙①、颂鹿扬凤。这种态度和倾向也大体上反映出其当时的国际关系。

图 4.39　曾侯乙墓漆鸳鸯盒图案

---

① 战国时期楚国的北方劲敌是秦国,而秦文化崇拜龙,同时楚的东邻吴、越也崇拜龙蛇,故楚文化恶龙。

新旧交替：春秋战国陶器与瓦当纹饰

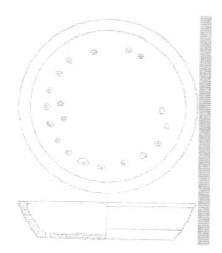

陶器纹饰是远古时代记载和传承思想文化的主要载体。自青铜时代开始，陶器纹饰这种功能和地位被青铜器纹饰所取代[①]。即使如此，陶器纹饰传承古代文化的作用仍然不可轻视。

夏商周时期，陶器纹饰的数量、其文化含量相对较弱；春秋战国-秦汉时期，青铜器纹饰伴随着青铜礼器逐渐走向衰落，相反由于彩绘陶的繁荣以及瓦当、画像砖的出现，陶器纹饰又获得较为充分的展示机会，犹如老树发新芽、新枝，令人耳目一新。

可以认为，就传承古代文化而言，春秋战国陶器纹饰是仅次于青铜器纹饰的一种文化载体。同时，春秋战国陶器纹饰从载体和内容、形式上都处于一个新旧交替时代。

新旧交替时代的陶器纹饰

湖北鄂垴钢铁厂出土战国晚期彩绘陶敦，盖沿一周反 S 纹作二方连续分布、器腹一周涡纹，它们都是太极图的简化或变形符号——二方连续的反 S 纹可寓意年复一年。陶敦盖与器身合成一个椭圆形，它们完全对等，这种造型可以完美地演绎"太极"生阴阳两仪思想——彩绘陶敦应该是礼器或为贵族所用，这种设计和象征意义是符合当时的文化背景的（图4.40）。

[①] 甲骨文和金文产生后，主要用于记录商周政治和统治集团的活动，间接传承一些古代思想与文化。整个青铜时代，纹饰都是传承思想文化的重要载体，与文字几乎并行。春秋战国简牍出现后，文字传承思想文化的范围和能力逐渐增强，纹饰的作用又逐渐弱化。

湖南常德出土战国中期彩绘陶鼎，盖钮外围一周绘八个"卷云纹"亦即旋涡纹，当寓意八卦八节（图4.41）。

图4.40　战国彩绘陶敦

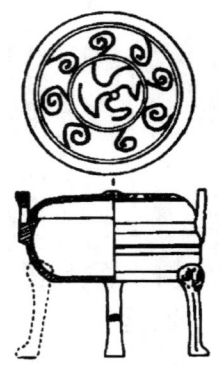

图4.41　战国彩绘陶鼎

湖北当阳金家山出土春秋中期陶豆，豆盘内在方形地上饰两个并列的反S纹，说明S或反S纹是一个独立的符号，有独立的文化内涵即象征太极、阴阳。反S纹的双勾又作旋纹，与反S纹相同，均为太极图的简省或变形符号（图4.42）。

中山国灵寿城成公墓出土陶鼎，其盖面外缘纹饰是：两个S或反S纹相对组合成一个新的纹饰单元，反复表现阴阳观念；每5个一组这样的组合符号寓意阴阳五行，每组5对10个S或反S纹，也与阴阳五行十月历数吻合；盖缘一周计30个S或反S纹，为一个月的天数。怕人不明白这些纹饰的寓意，又在盖面从外缘到中心制作一排5个"×"即古代数字"五"，反复强调"五"，提示那些S或反S纹是表示阴阳五行（图4.43）。

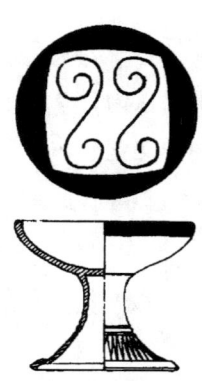

图4.42　春秋陶豆

湖北江陵纪南城出土战国双龙戏珠空心砖，其纹饰结构为：双龙纹与矩形纹相间。龙纹为S形寓意阴阳；两个龙纹首尾颠倒并排也寓意阴阳；两龙珠分别位于S形龙纹的两个弯钩内，还是寓意阴阳。矩形纹形如窗格，实际是由4×4即16个更小的矩形纹构成，每个小矩形纹由四个等腰直角三角形两两对角构成，一个大的矩形纹合计由64个小的等腰直角三角形构成，寓意六十四卦。故双龙纹与矩形纹的寓意即太极八卦六十四卦，这是双龙戏珠空心砖纹饰的主题。龙珠与龙的关系即大火心宿二与东宫七宿的关系；四个等腰直角

图4.43　战国陶鼎

三角形两两对角也是两个阴阳交午图形垂直相交，寓意阴阳交午，与立杆测影有关，也是半坡鱼纹的主题。空心砖纹饰的内涵表达与中国古代纹饰数千年的传统一脉相承（图4.44）。

江陵纪南城出土另一件战国龙纹空心砖，其纹饰结构更为简洁，仅有方框内首尾颠倒并行排列的S形双龙纹，只是龙尾弯钩内的龙珠为商周青铜器上那种火龙纹，这些纹饰寓意都很明确而且密切相关（图4.45）。

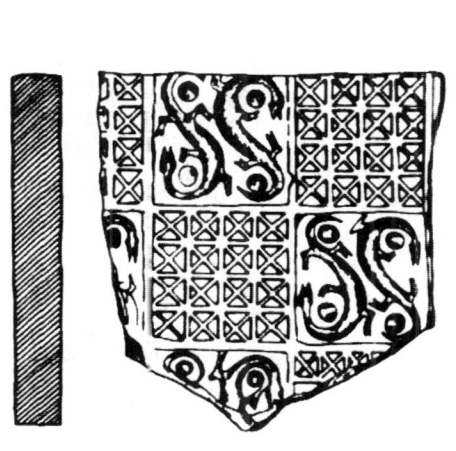

图4.44　战国空心砖图案

图4.45　战国空心砖龙纹

登封阳城铸铁遗址出土战国早期镂孔浅腹陶盆，底部穿19孔（图4.46）；

中山国灵寿城遗址出土战国时期陶甑,底部也穿19孔(图4.48)。它们让人联想起十九年七闰历法,可能不是巧合。

以铸铁遗址镂孔陶盆为例,对其镂孔设计意图分析如下:

左侧内圈两孔与外圈相邻的两孔明显构成斗形,可寓意北斗。据此,上方的三孔与外圈其他穿孔明显隔离,且构成三角形位于东方,当寓意心宿;与之相对的左下方三孔在一直线上,可寓意参宿。外圈右侧两孔在

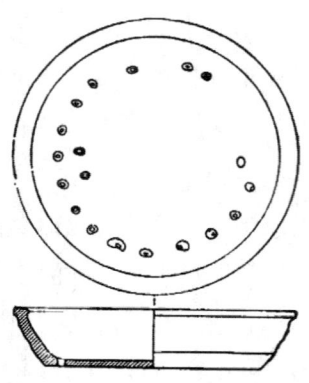

图 4.46　战国镂孔陶盆

转角上,减除它们后其余穿孔(即 AB 线左下方位)12 个合一年十二个月;实际上只有右侧"特殊孔"才不在外圈穿孔同一弧线上,减去这孔余 13 孔,与月相周期或者闰年的十三个月契合。总数 19 孔寓意十九年七闰历法(图 4.46-47)。

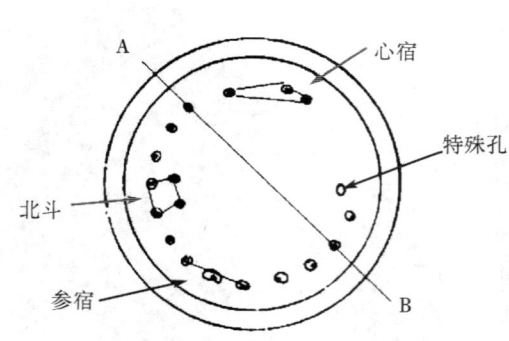

图 4.47　战国陶盆镂孔的天文历法内涵分析

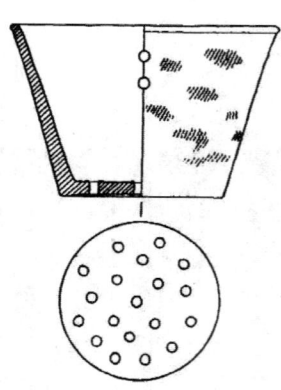

图 4.48　战国陶甑

铸铁遗址陶盆镂孔看似无规律,乱七八糟,实际规划、设计极其用心,极其精妙。

第四章 各展其能：春秋战国的纹饰秀场

令人耳目一新的瓦当纹饰

瓦当就是古代房顶屋檐处所用筒瓦顶端的下垂部分，多为圆形或半圆形，主要起保护屋檐椽头的作用。考古发掘可知，西周中期的宫室建筑已使用瓦当，为半圆形。战国时期出现了圆形瓦当；西汉中期以后，半圆形瓦当逐渐淘汰，圆形瓦当得到普遍使用。

瓦当纹饰即在瓦当上制作的各种图案、花纹。西周半圆形瓦当素面较多，仅有部分装饰了重环纹和简朴的绳纹（图4.49）。春秋战国瓦当纹饰丰富多彩，如齐国流行树木双兽纹和树木卷云纹，燕国流行饕餮纹、双龙纹、双鸟纹和山云纹（图4.50；彩图21），秦国流行动物纹、各种云纹、植物纹、鸟纹，等等。各种云纹是最为普遍的瓦当纹饰。

图4.49 西周重环纹半瓦当　　　　图4.50 燕国饕餮纹半瓦当

春秋战国瓦当纹饰中有许多树木纹，它们都是树干笔直、枝丫左右对称，显然不是写实的树木。它们可能具有深厚的文化背景和内涵，举例分析如下：

齐国树木纹半瓦当：为山东临淄出土，树木纹左右两侧底部饰对称眼形纹，说明此树为神，即树神、社神（土地神，图4.51）。

战国树云纹瓦当1：树木纹根部左右伸出对称的旋纹，其旋臂与枝丫平行，似由树根处生长出来。此纹饰理解为"云纹"不通，只能从旋纹的角度理解，即它们寓意阴阳，暗示树木纹左右对称的枝丫表达同样的意思（图

4.52)。

图4.51 齐国树木纹半瓦当

图4.52 战国树云纹瓦当1

战国树云纹瓦当2：树木纹左右两侧饰对称的火龙纹——即心宿与东宫苍龙的象征性图像，佐证树木纹的寓意可能与阴阳及天文历法有关（图4.53）。

齐国树木双鸟纹瓦当：树木纹两侧饰对称双鸟，此鸟非自然界凡鸟。鸟纹呈弧边三角形，每个边外有一圆点其连线构成等边三角形；三个圆点的存在证明鸟纹当寓意心宿三星（图4.54）。鸟纹、弧边三角形、三个圆点寓意心宿三星，在远古时代已成为常识。

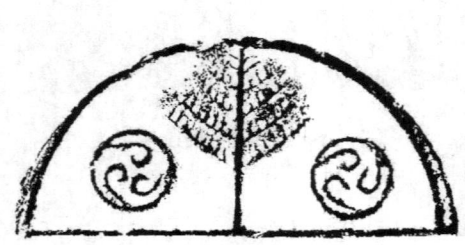
图4.53 战国树云纹瓦当2

图4.54 齐国树木双鸟纹瓦当

回头看树云纹瓦当1左右两侧旋纹下的三角形纹，可以认为是寓意心宿三星。旋纹外侧的角形纹饰，互相背离，寓意阴阳；角形纹饰内有一圆点，可以理解为日月星辰尤其是大火星（心宿二，图4.52）。

战国瓦当有大量云纹，有所谓卷云纹、连云纹、S形云纹、蘑菇形云纹等等不同样式，其实大同小异。这种"云纹"真的是表现天空中的云吗？我们

第四章 各展其能：春秋战国的纹饰秀场

认为不是，举例分析如下。

战国树木卷云纹瓦当：圆形当面被靠近直径的两条平行线均分为两半，各自饰树木纹成镜像对称形式，树木纹左右两侧又各置三个旋涡纹（卷云纹）。旋涡纹的设置合一年四季十二个月历数，说明树木纹不能理解为树木及其水边倒影，而应与神话中的若木、建木、社树等有关。旋涡纹也非天上的云，而是太极图的变形符号，其内涵与天文历法有关（图4.55）。

图 4.55 战国树木卷云纹瓦当

战国秦连云纹瓦当1：内圆饰点纹，其外四个扇形区间饰连云纹。所谓连云纹，实际是火纹的变形（双勾线◯内地纹即火纹）；连云纹两端钩形，各是一个阴阳两仪互抱的双旋纹，亦即太极图式。这些认识和理解可以通过内圆点纹得到进一步证实：内圆点纹19个，合十九年七闰历数；其外圈12个合一年十二月数，内圈6个加中心一个共7个合北斗七星数，中心点可寓意极星。故所谓连云纹并非指云（图4.56）。

战国秦连云纹瓦当2：纹饰格局同于战国秦连云纹瓦当1，区别仅仅在于内圆点纹。内圆点纹自内至外分三重：第一重4个点连线成斗形寓意北斗（整个内圆点纹没有中心点）；第二重一周8个点寓意四象八卦、四时八节；第三重一周13个点为月相周期。第一、二重点数合计12与一年十二个月数吻合，配合第三重点数表达阴阳合历一年十二个月及闰年的十三个月。内圆中心4个点是整个瓦当纹饰寓意的有力证据（图4.57）。

春秋战国瓦当也有用典型S纹构图的，如河北平山出土半瓦当，内圆两个点纹（整圆当四个连线成方形的点纹，寓意斗魁四星），外圈两个S纹其弯钩内均置一点纹以强调阴阳两仪（整圆则四个S纹八个圆点，寓意四时八节）。此半瓦当纹饰实际上暗示了圆形瓦当纹饰的意思表达，其S纹也不是指自然界的云（图4.58）。

图4.56　战国秦连云纹瓦当1　　　　图4.57　战国秦连云纹瓦当2

图4.58　河北平山半瓦当

东南地区：越王勾践时代的纹饰探秘

我国东南部地区青铜时代文化以吴越文化为代表，而且春秋战国是其发展的高峰期。春秋时期，吴越两国先后北上中原争霸，吴王阖闾、越王勾践均成为"春秋五霸"之一，可见两国的实力。

吴文化主要分布在江苏南部，以无锡、苏州为中心；越文化主要分布在浙江，以绍兴、金华为中心。吴越文化的核心地区太湖流域、宁绍平原在远古时代一直有发达的新石器文化，从早期的马家浜文化、跨湖桥文化到晚期的河姆渡文化、良渚文化等。

吴国离中原更近，其立国者吴泰伯和仲雍来自西周，因此吴文化与中原文化联系更密切，文化和纹饰受中原影响较大。越文化受外来文化影响较小，更多保留着百越民族古老的文化传统和习俗。越文化最富特色的代表性器物是大量的印纹硬陶和原始瓷器①，代表性纹饰也制作其上。青铜器中越式鼎三足外撇，具有自身风格，但纹饰很少。

本节选择发掘出土有代表性的越文化器物及其纹饰给予简介，以无锡鸿山越国贵族墓地出土器物为主②。

越文化器物上的龙蛇纹

古代百越民族多崇拜蛇，尤其是处于吴越之地的民族，《墨子》、《史记》

---

① 印纹硬陶和原始青瓷是吴越文化共有的因素，但主要还是属于越文化所有。
② 由于吴、越文化本土因素基本一致，时空上可能存在交错关系，有些遗址、遗物属于吴文化还是越文化，区分较困难，也有争议。已发掘绍兴印山越国王陵（可能是越王勾践父亲允常的墓葬）和无锡鸿山越国贵族墓地都是典型的越文化，但前者盗掘严重、出土器物很少，后者较完整，基本上展示了越文化的风貌。

等均有相关记载。汉代应劭说："（越人）常在水中，故断其发，文其身，以象龙子，故不见伤害。"在身体上刺龙蛇纹，这实际是一种巫术行为——古人以为把龙蛇纹刺在身上，就不会受到蛇的伤害，因为是同类嘛。

考古发现，装饰龙蛇纹确是越文化器物的一大特征，鸿山越墓①出土青磁鼓座、硬陶鼓座、琉璃釉蟠蛇玲珑球形器和广西恭城加念出土越国蛇蛙纹铜尊等都是典型。

两件青磁鼓座均出土于邱承墩，上面的蛇纹都以表现"三"数为特点：一个是分三个圈层，每个圈层分布三条蟠蛇（图4.59）；一个是设置三组交蛇，每组交蛇为两条，每条蛇都是两首一身的"并封"式（图4.60）。这是值得注意的现象。

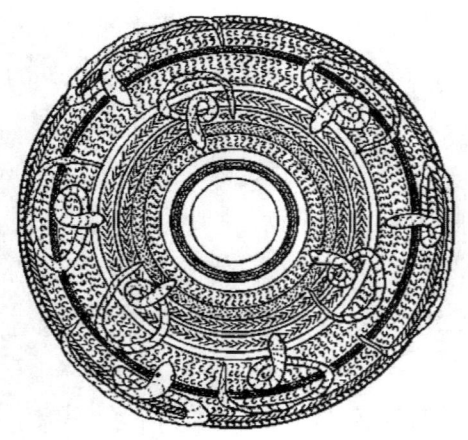 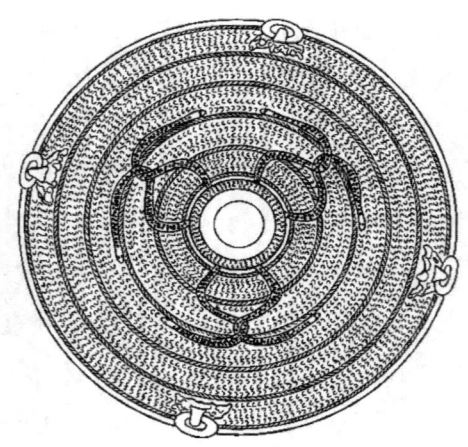

图4.59 鸿山越墓青磁鼓座1（俯视图）　　图4.60 鸿山越墓青磁鼓座2（俯视图）

硬陶鼓座出土于万家坟，座面四蛇两两相交，蛇头及其上身直立撑起一块方形板构成鼓座上的支架，鼓座面上还有一对横置的小蛇，在两对交蛇之

---

① 无锡鸿山越国贵族墓共7座，分别是老坟墩、邹家墩、曹家坟、杜家坟、万家坟、老虎墩、邱承墩，共出土随葬品2000余件。这些器物大多数为精美绝伦的成组成套青瓷礼器、乐器和玉器，其年代为越国最强盛的勾践时期。有专家推测，该墓地有可能是越国大夫范蠡或文种的家族墓地。

间（图 4.61-62）。邱承墩出土琉璃釉蟠蛇玲珑球形器（图 4.63；彩图 24）、玉带钩、玉覆面等均以成双成对的龙蛇纹为主题。它们显然与阴阳观念有关。

广西恭城加念出土铜尊和湖南湘潭出土越式提梁铜卣上的龙蛇纹，都是以对称

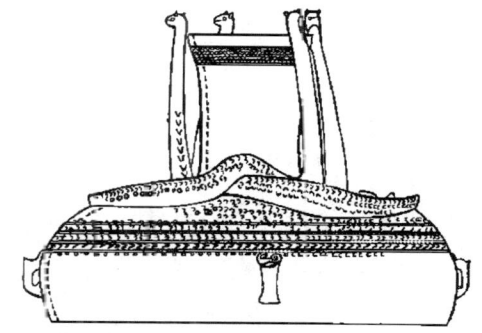

图 4.61　鸿山越墓硬陶鼓座

为特点，中间又有蛙、蛇、鳄鱼龙或其他纹饰，应该都与寓意阴阳相关（图 4.64）。

图 4.62　鸿山越墓硬陶鼓座俯视图

图 4.63　琉璃釉蟠蛇球形器

越文化器物上的龙蛇造型或纹饰，一般被视为越人图腾，但这种认识也可能不通顺：硬陶鼓座以蛇头及其上身构成鼓架，蛇头及其颈部便处于鼓槌的狂舞滥击之下，承受雨点般的击鼓甚至是猛烈的击鼓行为，将蛇视为图腾，其情形和感觉颇为滑稽。

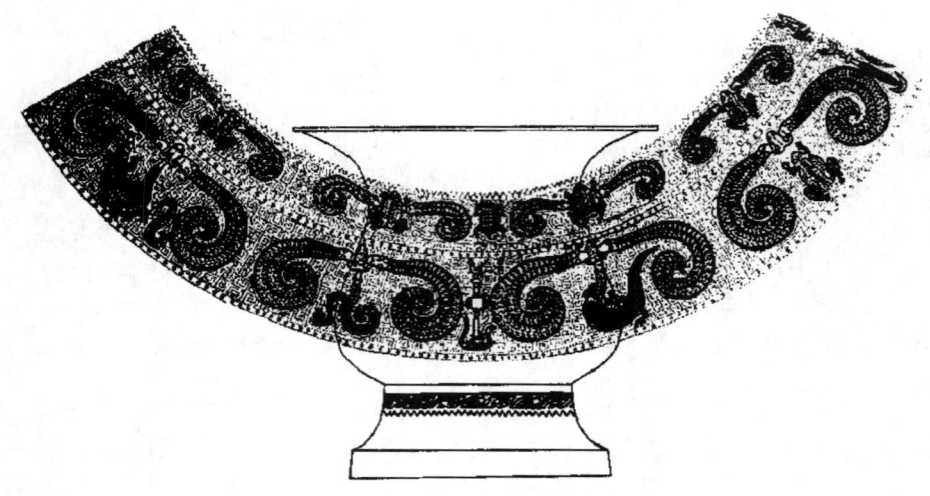

图 4.64　越国蛇蛙纹铜尊纹饰展开图

越文化陶、磁钟镈及其纹饰

大量青瓷和硬陶礼乐器是越国上层礼乐文化的一大特点，鸿山越墓尤其以出土仿中原青铜乐器的青瓷和硬陶镈钟、甬钟、句鑃（gōu diào）等最为突出。据考古报告，邱承墩、万家坟、老虎墩三座等级最高的墓葬都遭到破坏，但出土青瓷和硬陶镈钟、甬钟 100 多件。

这些仿制乐钟与中原青铜乐钟相比，绝大多数在形制和主要纹饰"枚"的设置上都是一致的：镈钟的铣口是平的，甬钟的铣口为上拱的圆弧形；大多数乐钟的"枚"都是 36 个且呈四方位分布，每方位 9 个分 3 层设置——越文化其他遗址和墓葬出土乐钟也是这样，如浙江长兴鼻子山出土青磁镈钟、甬钟（图 4.65-67）。

鸿山越墓仿制乐钟与中原青铜乐钟相比，其差异也非常突出，主要有这样几个方面：

其一，镈钟数量很大，万家坟 16 件、老虎墩 28 件、邱承墩 11 件。因为有盗掘或破坏，这个数量尚不能说是完整的情况。一个墓葬出土镈钟 10 件、20 件以上，中原地区少见。

其二，有些甬钟的铣口是平的，如万家坟出土 24 件硬陶甬钟，这在中原青铜礼乐器中是很难见到的（图 4.68）。

图 4.65　鸿山越墓青磁甬钟

图 4.66　鼻子山青磁镈钟

图 4.67　鼻子山青磁甬钟

图 4.68　鸿山越墓硬陶甬钟

其三，有些镈钟和甬钟的钲部、篆部都较窄，甚至窄到看起来像没有钲部，36个枚似乎均匀地分布于乐钟的篆部一周（图4.69-70）。这个现象在中原青铜礼乐器中也属罕见。

图4.69　鸿山越墓青磁镈钟

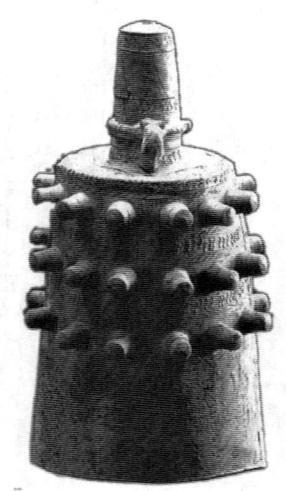
图4.70　鸿山越墓青磁甬钟

其四，老虎墩出土硬陶乐钟的枚很特别，除了36个枚分四区设置这种常规模式外，还有其他一些不同个数的枚及其组织方式——鼓、舞之间没有钲部与篆部的区分，只有不同的枚数及其分组设置——不过它们还是与历数相合。

大体上可以判断，出土越文化青瓷和硬陶镈钟、甬钟，其枚的设置、其纹饰的文化内涵与中原地区青铜礼乐钟一样，主题仍然是古代天文历法。

越文化其他器物及纹饰

邱承墩出土青磁冰酒器、温酒器各一件，冰酒器用于置放酒杯的圆孔12个，温酒器用于置放酒杯的圆孔13个（中心1孔较大，其余12孔等大），均与历数相合（图4.71-72）。

第四章 各展其能：春秋战国的纹饰秀场

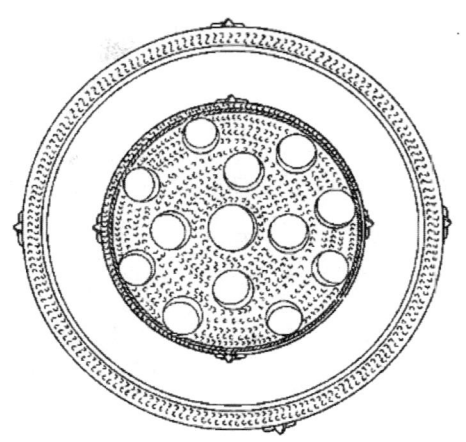
图 4.71　鸿山越墓青磁冰酒器俯视图

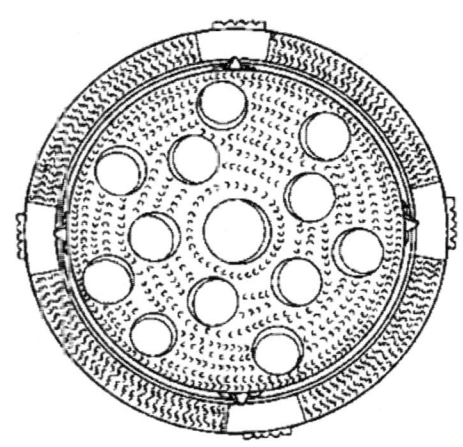
图 4.72　鸿山越墓青磁温酒器俯视图

浙江长兴鼻子山越国贵族墓出土硬陶悬铃，其顶部饰两周相背的半月形纹饰，靠近底面也有一周同样的纹饰。顶部两周内外分别是 9 个和 15 个，合计 24 个与一年二十四节气数相合（图 4.73）。

浙江东阳前山越国贵族墓出土组合型玉臂环，由相同的四段组成，每段五组玉牙，每组两个，这些数量关系吻合一年四季、阴阳五行十月历历数（图 4.74）。

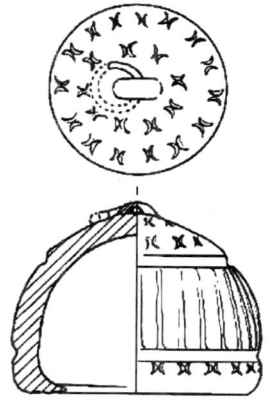
图 4.73　越国硬陶悬铃

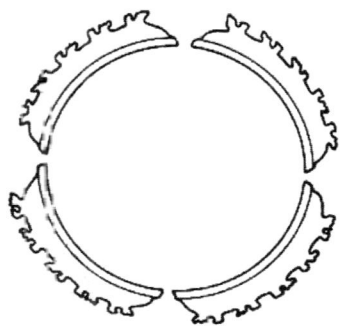
图 4.74　越国组合型玉臂环

上述材料以及前述蛇纹器物、乐钟纹饰等，说明通过器物装饰和纹饰表现古代天文历法及相关知识、观念,在越文化器物中是常见现象。在此,我们要试解越文化器物上极其广泛运用的一种"C"形纹(有时带尖角,或直接成为折角)。

这种C形纹在几乎所有重要的越文化陶、瓷器物上都能够见到,而且呈二方连续排列,密密麻麻一排排一行行。它本身是一种独立的纹饰,也常常是主纹的陪衬或地纹,其地位、性质和作用犹如商周青铜器上的云雷纹。

这种C形纹排列成的纹样,有时如行行飞燕,有时像龙蛇身上的麟甲。结合越文化的特征(崇拜龙蛇和鸟)思考,我们认为它可能主要就是象征和寓意这两种物象。这样理解,C形纹的无处不在可得合理解释。

有些方向相反的两行C形纹很容易构成S纹,如邱承墩出土青磁冰酒器外沿上的部分纹饰;有些方向相反的两行C形纹同时也是S纹,如邱承墩出土青磁甬钟篆间的纹饰。S纹是太极、阴阳两仪的标志性符号,C形纹的这种排列可谓相得益彰。

另外,作为太极图标志性符号的涡纹、S纹在越文化器物上也常见,甚至两个排列方向相反的涡纹也构成S纹(图4.75-77)。这些纹饰的文化来源和意义是一致的,故古人运用自如,用起来得心应手。

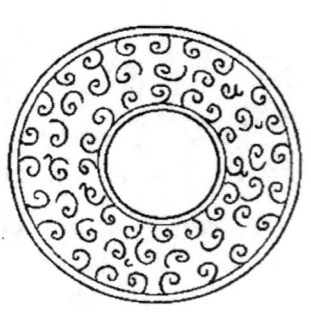

图4.75 鸿山越墓石璧

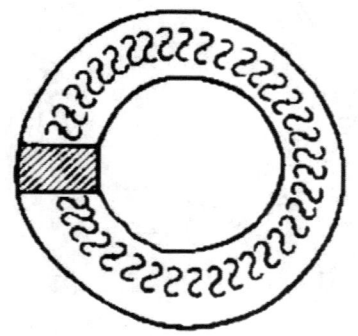

图4.76 鸿山越墓青磁环

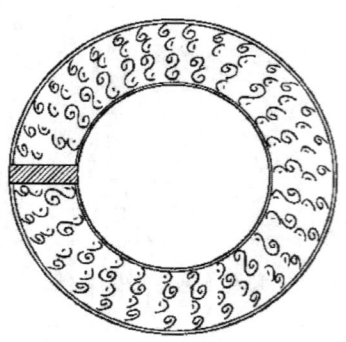

图4.77 鸿山越墓陶环

第四章 各展其能：春秋战国的纹饰秀场

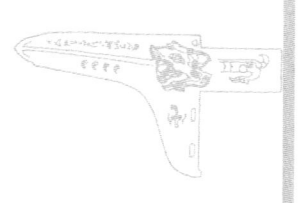
西南地区：巴蜀文化与滇文化之纹饰

巴蜀文化器物纹饰与巴蜀图语

巴蜀文化是巴文化与蜀文化的融合，蜀文化是四川盆地的本土文化（以三星堆文化和成都十二桥文化为代表），巴文化在东周之前主要分布于湖北西部清江流域。东周时巴人为楚所迫，大举进入四川盆地东部，与盆地西部的古蜀文化相邻。巴文化与蜀文化在四川盆地各自为阵又相互交融，公元前316年秦灭巴蜀，巴蜀文化为秦文化所渗透和影响，后来成为汉朝的一部分。

古蜀国三星堆遗址出土了大量精美的青铜器，堪称中国乃至世界青铜文化的杰作；属于十二桥文化的成都金沙遗址则出土了世界上同一时期遗址中最为密集的象牙、数量最为丰富的金器和玉器，其中"太阳神鸟金箔"被确定为中国文化遗产标志和成都城市形象标识的主体图案（图4.78-79；彩图26-27）。

自春秋开始，盆地进入巴蜀文化时期。春秋时巴蜀文化的面貌比较模糊（或许与战乱、蜀国内部的动荡以及水患有关）。进入战国时期，巴蜀人在青铜器上创造了人们至今无法破译的巴蜀图语①，成为巴蜀文化的象征性特征和成就。

巴蜀图语又称巴蜀符号或巴蜀文字，主要出土于四川盆地，湖北、湖南等也有少量出土。它们是巴蜀民族铸造在铜兵器以及乐器、铜玺印等器物上的各种图案和符号。典型的巴蜀图语有虎纹、手形、蛇头纹或心形纹（也称

---

① 巴蜀图语绝大部分都是图案、符号，因此本书将它们视为纹饰。

花蒂纹）及其组合，还有鸟纹、蛙纹、蝉纹及其他各种几何形纹饰。目前发现的巴蜀图语已超过二百多例（组）。

图4.78　太阳神鸟金箔

图4.79　中国文化遗产标志

一些著名学者认为，巴蜀图语是中国上古时代除甲骨文以外最引人注目的可能是系统文字的重大发现，无论是对巴蜀历史、文化还是古文字研究，都具有十分重大的意义。但是目前，巴蜀图语的研究和认识，尚未取得根本性的突破。它们到底是文字还是"看图会意"式的图画或者徽识等等，都没有得到充分论证和取得共识，其具体含义更是难以确切知晓。

巴蜀图语中，数量最大的是虎纹和"手心纹"（或称"蛇头手臂纹"等）。

巴蜀图语绝大部分都铸于兵器上，而且使用最频繁的虎纹是虎首虎口朝向兵器的刃口方向，即向着敌人，怒张巨口，吐长舌或露獠牙，作凶猛吞噬状（图4.80-81）。这自然让人联想到，巴蜀图语的产生和制作可能与战争有关，考古学家孙华等就是如此认识。但是虎纹及巴蜀图语究竟是巴人所作还是蜀人所作，或者既有巴人的也有蜀人的，目前存在各种不同的认识。

"手心纹"为一个类似心形的纹饰和手形的组合，也是巴蜀图语中出现和使用频率最高的纹饰之一，早期研究它们的学者称之为"手心纹"。管维良教授等称为"蛇头手臂纹"，认为是蛇头纹与手臂纹的组合（图4.82）。此外还有其他各种说法。至于其含义，更是众说纷纭、见仁见智、莫衷一是。

第四章 各展其能：春秋战国的纹饰秀场

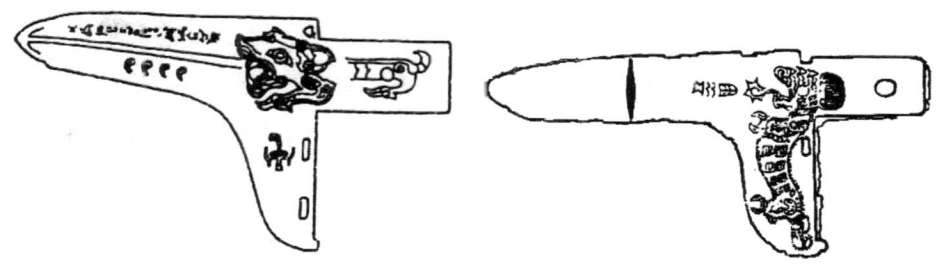

图 4.80 巴蜀虎纹铜戈　　　　图 4.81 巴蜀虎纹铜戈

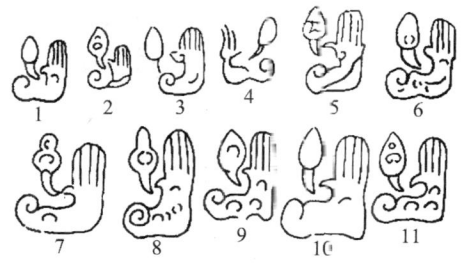

图 4.82 巴蜀符号"手心纹"

无论是虎纹还是"手心纹"，都有独立出现的情况，也有互相组合、刻铸在同一件铜兵器上，或者与其他纹饰组合在一起的情况（图 4.83-84）。

 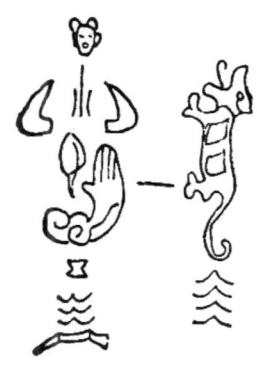

图 4.83 巴蜀铜剑纹饰（双面）　　　图 4.84 巴蜀铜剑纹饰（双面）

巴蜀图语大体上可分为三类：一类是各种图形、符号（包含个别汉字）及其组合，主要出现在戈、矛、剑、钺、斧、斤等青铜武器、工具以及青铜乐器錞于上，它们占了大多数；一类是以符号（包含个别图形、汉字）及其组合的形式，出现在青铜印章上；一类是成行的文字符号，目前无法认读，见于少数青铜戈（图 4.85）。

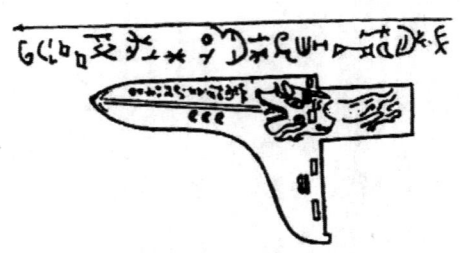

图 4.85　巴蜀铜戈虎纹及文字

滇文化器物纹饰

滇文化是战国中后期至西汉末分布于今云南省境内的一支高度发达的青铜文化，它以昆明滇池为中心，大致东达曲靖、西至禄丰，北到东川，南抵通海、华宁。也是中国古代西南地区一支著名的少数民族文化。

滇文化以造型精美奇特、纹饰细腻丰富的青铜器最有特色。青铜器纹饰既有写实性很强的，也有富于夸张浪漫色彩的，都具有极高的工艺水平和艺术价值。最有特色和代表性的器物包括铜俎（铜案）、铜鼓、铜贮贝器等，纹饰内容包括祭祀、战争、狩猎、种植、纺织、音乐、舞蹈、服饰、建筑等等，日常生活习俗和场景，几乎无所不包。

铜俎（zǔ）是古代祭祀时摆放祭品的礼器。江川县李家山出土战国中晚期牛虎铜俎，其造型表现一只老虎攀上牛的尾部噬咬，牛的腹部躲藏了一条小牛。一般认为是大牛护小牛，也有学者研究认为整个造型表现了生与死的主题，以大牛的牺牲换得小牛的新生（图 4.86）。

第四章 各展其能：春秋战国的纹饰秀场

图 4.86　牛虎铜俎（战国中晚期）

贮贝器是用来存贮贝币的器物。晋宁石寨山出土西汉贡纳场面铜贮贝器，其底座上塑四牛，盖面群像表现滇王所辖区域各族群不同样貌的人前往纳贡的场景，栩栩如生（图 4.87）。据史书载，滇人好诅盟①。石寨山出土西汉诅盟场面铜贮贝器，其器身铸两虎形耳，盖面铸塑诅盟的盛大场面：有高大的房屋建筑、广场、巨型铜鼓、铜案、做牺牲的动物以及各色人等，仪式在准备和进行中，一派热闹、繁忙的情景（图 4.88）。

铜鼓是滇文化最为流行的器物，鼓面一般都饰有多角星形纹，学界称为太阳纹（图 4.89）。据铜鼓专家蒋廷瑜研究，滇文化铜鼓太阳纹"一般以 12 芒为最普遍，其次是 8 芒和 10 芒，也有 4 芒、5 芒、6 芒、7 芒、11 芒、14 芒、16 芒的，最多的有 32 芒"。可见大多数铜鼓的光芒纹都与历数相关：12 芒合一年十二个月，8 芒合八卦八节，10 芒合十月太阳历历数。

滇文化铜贮贝器和铜鼓上的纹饰除了多芒太阳纹，还常见羽人舞蹈纹（图 4.90）、翔鹭纹、鹿纹、牛纹、船纹等。如著名的开化鼓②，其鼓面纹饰丰富精细，内圆有 12 角星纹，中环有多组羽人舞蹈纹及祭祀场景（铜俎上有鱼等祭品），外环有 18 只鹭鸟做逆时针飞翔（图 4.91）。

---

① 诅盟即誓约或歃血结盟，是一种带巫术性质的仪式行为。
② 因 19 世纪末发现于云南省开化府而得名。

图 4.87 贡纳场面铜贮贝器（西汉）

图 4.88 诅盟场面铜贮贝器（西汉）

图 4.89 铜鼓鼓面纹饰

图 4.90 铜贮贝器羽舞图

第四章 各展其能：春秋战国的纹饰秀场

图 4.91 开化鼓鼓面纹饰

第五章
斜阳依旧：
秦汉纹饰之风韵犹存

纹饰　在没有文字的时代
担当起传承文化、文明的大任
一路走来　经过了筚路蓝缕
也走过精彩繁华　创造了无数的杰作
长路漫漫一万年　终于走到
秦王扫六合
大汉并天下

造纸术已发明
儒、道、墨、法诸子已各就各位
纹饰早已成竹在胸
在其寿数将尽、命运不可逆转的时刻
拼将千古积淀、万年的渊源
终于书写成　它最后的一抹辉煌
划上了圆满的句号

天机泄漏：绵阳出土木胎漆盘与秦汉漆器纹饰

自考古学产生以来约 200 年时间，全世界发掘出无以计数的古代文化遗存，尤其是文字产生初期及无文字的远古时代，无数遗迹和遗物上的刻画图案、纹饰，迄今都没有得到全面、深入、可靠的解读和理解。它们是一个巨大的人类历史与文化资源宝库。

如何准确、可靠地认识和理解这些遗迹、刻画图案和纹饰，考古学、人类学、文化学等相关学科都在不断尝试和努力。本书作者 1999 年解读绵阳出土西汉木胎漆盘纹饰，之后全力以赴于中国汉代以前的古代纹饰研究、释读及其他相关研究，迄今十多年，释读木胎漆盘纹饰的思路、方法及一些相关研究、认识，可以说反复得到验证，确证该思路和方法科学可靠，认为它们能够为整个中国古代刻画图案、纹饰的正确释读和理解建立起可靠基础，而且对全世界古代纹饰的释读和理解也可能具有重要参考价值。

本节拟对绵阳木胎漆盘纹饰的释读及其价值、意义做些简介，并继续用秦汉时期漆器纹饰或案例进行说明——它们是本书以及作者所有相关研究的开始和基础[①]。

绵阳出土西汉木胎漆盘纹饰的释读

绵阳永兴镇双包山汉墓 1995 年发掘，其中二号墓规模宏大，出土大量彩绘漆器，仅漆盘就达 200 余件，专家认为墓主应是楚国高级贵族的后裔。由

[①] 作者对整个中国古代纹饰的释读和理解一直贯穿了这种思路与方法，而且越是深入下去，了解和分析的古代纹饰越多，越是证明这个方法和思路是可靠的，这也毋庸讳言。

第五章 斜阳依旧：秦汉纹饰之风韵犹存

于双包山汉墓与楚文化关系密切，漆盘纹饰解读须充分考虑楚文化因素。

盘底圆图主体部分是两个耳形，耳垂部位绘画凤鸟。凤鸟是楚文化崇拜物，两个耳形构成典型的反 S 形阴阳两仪太极图式。考虑《老子》、道家思想与易学的关系，判断两耳形构成的圆图可能是为纪念道家创始人老子而作的太极图——老子姓李名耳字聃（"聃"指耳朵又长又大），为楚国苦县（今河南鹿邑）人，传说中是个大耳朵。宋、明时期古籍中出现的阴阳鱼太极图可能溯源至此。

漆盘口沿外圈竖线纹共 10 组，其中有相邻的 4 组每组 7 条（ABC 段）计 28 数，有相邻的 6 组每组 6 条（ADC 段）计 36 数，分别合二十八宿数和十月太阳历历数。10 组竖线纹合计 64 条短线，为六十四卦数；考虑漆盘底圆图为阴阳两仪太极图式，故判断"太极八卦六十四卦"可能是漆盘纹饰内涵之一。

口沿有两圈纹饰，其纹饰单元基本一致：中间一个涡纹，两侧为构成菱形的 4 个点纹，外侧分别是成组竖线纹与 ⑱⑱ 纹（图 5.1）。即以涡纹为中心，其两侧纹饰具有对称关系。从易学角度看，涡纹寓意太极，两侧点纹寓意"两仪四象"。外侧竖线纹与 ⑱⑱ 纹寓意八卦（⑱⑱ 纹为具有道家思想的八卦符号）。所有纹饰、符号的含义在此得到合理解释。而且按漆盘阴阳两仪分界线 BD 及外圈 4 组 7 画线纹、6 组 6 画线纹分区分段，计算其数理（涡纹"⑥"计数 1，

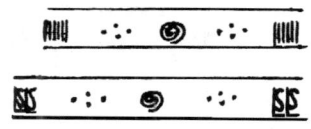

图 5.1　漆盘太极八卦纹

点纹"∴"计数 4，"⑱⑱"按八卦符号 6 爻计算），均与古代天文历法和易学的基本知识、常数相合。

最后，漆盘口沿两圈纹饰总数是 64 个（组），合六十四卦数①。其中线纹 10 组 64 条，合十月历历数及六十四卦数；线纹之外的纹饰 144 数合《易传·系辞》"坤之策，百四十有四"，为《归藏》的特征，佐证《老子》道家思想与商代易学《归藏》的渊源关系。同时，两和八卦符号爻数为 100（10 组竖线纹计数 64，6 个"⑱⑱"纹计数 36），为河图数 55 洛书数 45 之和。漆盘纹饰

---

① 与盘底圆图构成太极图与六十四卦的组合，说明北宋邵雍所传先天图可能传自道家，而非其自创。

与易学基本知识、常数和道家思想完全吻合，说明其经过精心计算和设计（图 5.2；彩图 28）。

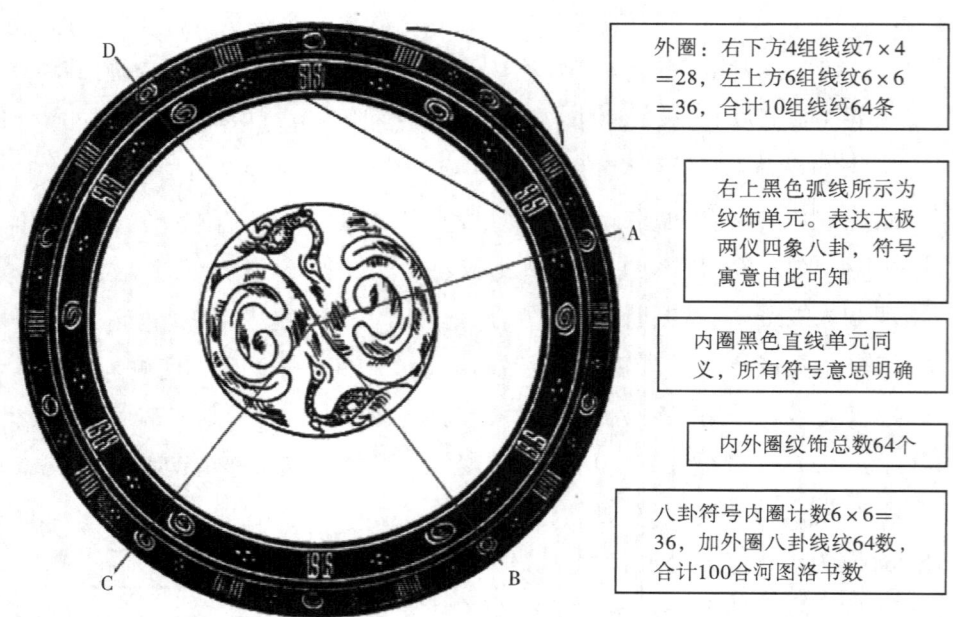

图 5.2　双包山汉墓出土木胎漆盘口沿纹饰分析图

总之，木胎漆盘纹饰表达或包含了中国古代发展至秦汉时期最核心的思想文化，尤其是易学和古代天文历法最基础、最基本的概念和知识体系，纹饰设计极其精妙，内涵表达极其丰富①。

绵阳木胎漆盘纹饰释读的价值和意义

绵阳木胎漆盘纹饰及其释读具有多方面的重要价值和意义。

---

① 木胎漆盘纹饰的详细释读和论证参见作者论文《绵阳出土西汉木胎漆盘纹饰释读及其重要意义》。

第五章 斜阳依旧：秦汉纹饰之风韵犹存

1. 耳形纹、涡纹等各种符号的含义及太极图之谜

前述木胎漆盘上的耳形纹、凤鸟纹、S纹、阴阳两仪圆图、涡纹"◎"、点纹"∴"、"▩"纹以及不同画数的竖线纹，不仅双包山汉墓漆器常见，整个秦汉时期漆器也常见。尤其是出土于江汉、江淮地区原"楚文化圈"的漆器，它们极其流行，是主流纹饰（图5.3-7）。木胎漆盘纹饰的解读，意味着整个秦汉时期漆器纹饰尤其是江汉、江淮地区原"楚文化圈"的漆器纹饰大多数都能够得到正确释读。

图5.3-4　荆州高台秦汉墓漆圆奁、漆盒盖面纹饰

这对易学、古代天文历法、楚文化、儒道思想、古人的思维和文化传播方式等相关研究都将是直接的重大利好。

图5.5　荦城凤篷岭漆盘纹饰　　图5.6　长沙咸家湖漆耳杯纹饰

图 5.7 安徽霍山汉墓漆盘纹饰

以太极图为例，现知阴阳两仪太极图只见于宋、明之际的文献，周敦颐五层太极图也只见于北宋，之前的古代文献是不见太极图的，虽然战国文献《易传》等有"太极"一语及相关思想。故太极图的来源历来扑朔迷离，有人说是宋、明之际儒家学者自己画的，有人说是道家、道教传出的，还有人说自远古演化而来或天外飞来。木胎漆盘纹饰证明，汉代漆器上那些涡纹、旋纹、S纹（或反S纹）、两耳形构成的阴阳两仪圆图等等都是太极图或其简化符号，宋、明之际突然出现的太极图应该源自道家、道教。

以前学界习惯将上述这些旋纹、涡纹、S纹以及两耳形构成的太极图称为云纹，这是不妥的，它们的意思或内涵表达不是自然界的云。

2. 在易学与易学史、历史文化研究上的价值和意义

绵阳木胎漆盘纹饰及其内涵表达，为我们提供了极其丰富的古代科学与历史文化信息，尤其是关于易学、易学史、文化史领域，历史上诸多疑案和谜题将迎刃而解或获得进一步释疑解谜的契机、启示。归纳一下，大体上有以下领域和问题将直接或间接受益：

（1）阴阳鱼太极图起源问题

（2）宋代易图来源问题

（3）河图洛书的本原和起源问题

（4）十月太阳历问题

（5）易学起源问题，包括其与古代天文历法的关系

（6）道家易、道教易问题

（7）《归藏》易问题

第五章 斜阳依旧：秦汉纹饰之风韵犹存

（8）儒、道、易关系问题

（9）象数易学与象数概念的重新定义

（10）丹道理论、《周易参同契》、古代中医理论等易学应用问题

（10）古代纹饰释读问题，包括秦汉纹饰释读

（11）楚文化研究

（12）古代文化、文明的传承问题，包括原始思维、古代思想文化与表达问题

（13）"易学在蜀"和易学史问题

（14）中国古代思想史、文化史问题

考虑到古代纹饰释读的方法论意义，即绵阳木胎漆盘纹饰释读成为整个中国古代纹饰释读的一个突破口，其在古代历史文化研究尤其是史前研究方面的价值和意义是不可估量的。

3. 象意、象数、数理思维和表达方式

绵阳木胎漆盘纹饰记载和传承古代历史文化的方法可称为象意、象数、数理表达方式，其反映的思维方式也可称为象意、象数、数理思维。简称象数思维与表达方式。

象意，即以物象意或以象明意、以象达意，以形象、图像、物象表达意思。如男女二厕所并排，不写文字而画上男女头像并加上箭头符号表示，或直接在门上画男女头像或者画烟斗与高跟鞋，人们都能区分。日常所见商标、斑马线、红绿灯等都是。

象数，即以形象结合数量表达意思。如幼儿园小孩子，做了五件好事，老师在教室后面的专栏上给他画五个小五角星"☆"，做了三件不好的事，老师又给他打上三个"×"，或者用五只小白兔和三只小老鼠表示，有形象有数量，情况一清二楚。

数理，即以数明理，如"三十六计"、"七十二变"、"三山五岳"、"建安七子"等等，有数有理，用数来概括事物、义理。中国古代宇宙观，无论《易传》还是《老子》，都以数关系概括，前者言"易有太极，是生两仪，两仪生四象，四象生八卦"，后者言"道生一，一生二，二生三，三生万物"。

象数思维和表达方式是中国古代文化、文明传播与传承的一种主要方式，尤其是系统的文字产生之初、之前，其表现即古代刻画图案、纹饰，包括部分遗迹和器型。绵阳木胎漆盘等证明了这种思维与表达方式在汉代仍然存在，且为古人所熟知，是开启古代刻画图案、纹饰和史前文化大门的一把钥匙。

秦汉时期其他漆器纹饰释读举例

湖北荆州高台秦汉墓出土漆盘纹饰构成：内底为反 S 形阴阳两仪太极图，且 S 形的两端都画成涡纹，因为涡纹、旋纹、S 纹都是太极图的简省符号。外缘有两周纹饰：内圈 4 组短线纹分布四方，每组短线纹为双排、每排 8 条，计 8 排 64 条短线，寓意阴阳两仪四象八卦六十四卦；外圈 8 组竖线纹，每组 8 条计 64 条短线，合八卦六十四卦数，其间又有 8 组呈菱形的四点纹，寓意四象八卦（有两组显示为三点可能为报告作者误画，如非误画则点数设计 30 合一月天数。图 5.8）。此器口沿纹饰反复表现六十四卦数，确证内底反 S 形纹饰寓意太极，而非文物考古学者常称的云纹，当然也进一步确证前述绵阳木胎漆盘纹饰释读无误。

湖北江陵凤凰山 168 号汉墓出土漆盘，其盘内纹饰分内外两区：内区中心为变形凤鸟纹，外围三组相同的纹饰，演绎"太极含三为一"①。每组纹饰有一个较大的开口椭圆形纹（似心形，也可视为两个旋纹的连接），其内侧有 4 个小涡纹、外侧也有 4 个小涡纹，互相之间有一长线纹相连，这些涡纹合一年十二个月二十四节气数。其间又有小的旋纹点缀，有的像逗号，实际都是太极图的简省。外区纹饰 5 组，寓意五行；每组纹饰主要由三角形和弧边三角形组成（三角形中心多有露地圆纹），其地纹有露地圆纹，它们应是象征心宿和大火星（图 5.9）。

---

① 《汉书·律历志》："太极元气，函三为一"，当自"道生一，一生二，二生三，三生万物"演化而来。

第五章　斜阳依旧：秦汉纹饰之风韵犹存

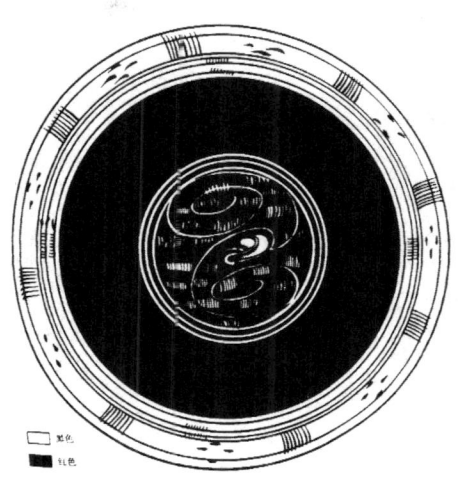

图5.8　荆州高台秦汉墓漆盘　　　　图5.9　江陵凤凰山汉墓漆盘纹饰

湖南沅陵虎溪山汉墓出土漆奁，其侧面主体纹饰似熊熊燃烧的大火，应是象征大火星而非考古学者常称的云纹、云气纹，其文化源头在崇拜大火和祝融的楚文化（图5.10）。江苏仪征张集团山汉墓出土漆案，其主体纹饰为耳形纹、旋纹，文化内涵与老子太极图有关，而非考古学者常称的云纹、云气纹（图5.11）。这些都是楚地汉代漆器中常见的纹饰，而且常常与凤鸟纹结合在一起。

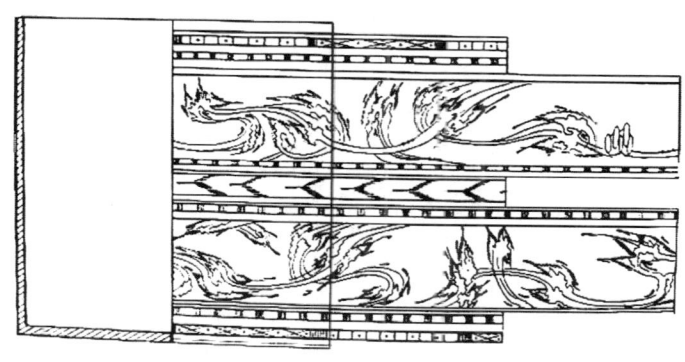

图5.10　沅陵虎溪山汉墓漆奁纹饰

— 209 —

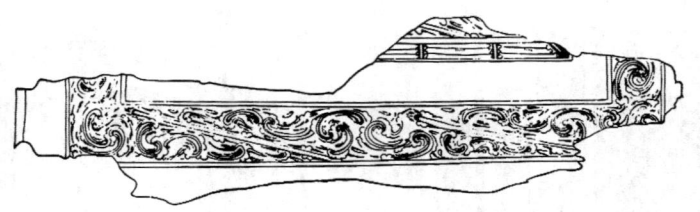

图 5.11　仪征张集团山汉墓漆案纹饰

事死如生：汉代画像砖石呈现的汉代社会图景

汉代画像石、画像砖的基本知识

古代画像石、画像砖，一般就是指汉代画像石、画像砖，因为大批量制作、深入广泛地反映社会各个领域的真实景况，只见于汉代。

画像石多见于墓葬内外与墓葬有关的石头，画像砖也多见于墓葬特别是砖室墓。其产生的社会文化背景是"事死如生"，即人死后也要和生前一样，无论生活环境还是各种器用、享乐，都要照搬到墓中和阴间。随葬死者生前所用物品自远古以来即存在，但是秦汉时期却发展到极致，以秦始皇陵墓、汉代诸皇帝陵墓为代表，葬事极尽隆重与奢华，从而影响到整个汉代社会。小小墓葬无法装下大千世界现实场景，就通过绘画、造像的方式来解决，而铁制工具的成熟也为画像石、画像砖的生产提供了技术支撑。

我国出土汉画像石的地域很广，可分四个中心区域：一是河南南阳与湖北西北部；二是山东和江苏、安徽的北部；三是四川、重庆地区；四是陕西北部和山西的西北部。其他如北京、内蒙古、辽宁、河北、云南、贵州、浙江等地都有发现，数量较多又比较集中的有山东、江苏徐州、河南南阳、四川中部以及陕西北部等地。迄今发现汉画像石10000块左右，数量惊人。画像砖主要分布在四川、重庆，中原的河南、陕西以及江苏、江西、湖北、云南等地也有。迄今发现画像砖也有数千块之多。

汉代画像石、画像砖对当时的政治经济、思想观念、民风民俗、乐舞百戏、建筑学、天文学等领域的研究都是不可多得的重要资料。

本节主要介绍纪实性内容的画像石、画像砖，拟分五个类别：建筑物与车骑出行等场景；农耕、渔猎、手工业等生产活动；日常生活与文化娱乐等场景；历史故事与神话传说类①；其他（综合性画像与传统装饰纹样）。通过它们可以对汉代社会图景管窥一豹。

建筑物与车骑出行等场景

汉画像中各式建筑物、市镇与车骑出行场景等内容比较多，它们反映汉代人建造的生存与生活环境，有些也反映墓主的身份、地位及其生前的居住与享乐情况。

画像石与画像砖上的建筑物形式多样，有街市、楼阁、庭院、水榭，也有粮仓、桥梁、祠堂、门阙等等，有些十分奢华、气派，它们为研究汉人的生存和生活环境、社会活动、古代建筑史等提供了非常直观的材料。

如四川广汉出土市楼画像砖，形象地刻画了当时街市的一角和商贾交易情况。画面左右为市楼建筑，市井和屋内有四、五对做买卖的人正在交易或商谈。当时交易活动是在城市特定的"市"内进行，与居民区隔开，定时开门出入。市中最高的楼上悬鼓，以击鼓来宣示开市、闭门。从画面中可以看到市楼建筑物的特征、汉人广袖长袍的衣着等（图5.12）。

甲第指豪门贵族的宅第，四川出土画像砖仅用豪华的门阙即可让人想象甲第的奢华（图5.13）。

车骑出行是画像石、画像砖常见题材和表现内容，它们反映了社会上层人物的生活、生存状态与威仪。有车骑过桥、辒车出行等等场面。如重庆三峡博物馆藏东汉车马过桥画像砖，表现成队的车马从桥上奔驰而过的壮观场景，而桥梁的结构、坚固与美观也历历在目（图5.14）。

---

① 由于伏羲女娲、西王母、金乌等重要题材的神话传说和神异动物画像很多，拟另行介绍。

第五章 斜阳依旧：秦汉纹饰之风韵犹存

图 5.12 东汉市楼画像砖（国家博物馆藏）

图 5.13 汉代甲第画像砖（四川出土）

表现农耕、渔猎、手工业等生产活动

汉代画像石、画像砖的一大题材和内容是反映当时的生产活动，包括农耕、渔猎、各种手工业生产等十分丰富的主题与场景，大都栩栩如生、真切动人。

农耕活动包括牛耕、播种、除草、收获等农业生产的各个环节（图5.15），最普遍的是牛耕图，在山东、苏北、南阳、陕北等地均有发现。汉代牛耕多是二牛抬杠，如陕西米脂官庄牛耕图，用一根绳系住两牛鼻部，一根犁衡架在两牛肩上，两牛合力挽犁前行，后面一人扶犁耕田（图5.16）。也有一头牛挽犁耙的，如江苏睢宁双沟出土牛耕图，在双牛挽犁图像的远处，有一头牛挽耙的情形（图5.17）。

图 5.14 东汉车马过桥画像砖

图 5.15 东汉除草播种画像砖

图 5.16 牛耕画像

图 5.17 江苏睢宁双沟出土东汉画像石牛耕图

　　渔猎画像有表现专门的狩猎活动与场景的，甚至是大规模的围猎和狩猎，也有将多种生产与经济活动结合在一起的。重庆三峡博物馆藏一件画像砖，就是将弋射、渔猎与农作物收获几种生产方式制作在同一个画面上，天空上飞鸟和远处水禽之密集、猎人脚底下河里游鱼之硕大，都显得十分夸张。整个画面传递了一种农林牧渔、丰衣足食的美好生活情景与氛围。

　　手工业生产画像涉及油桐的种植、酿酒、织布、制盐等等行业。徐州市铜山县洪楼村出土画像石，除了表现房屋下的纺织场景，屋顶上还有仙人、凤鸟、瑞兽，一派祥和景象。

日常生活与文化娱乐等场景

举凡舂米、庖厨、宴饮游艺、讲学讲经、拜谒养老、收租乞贷、江上行筏以及融会音乐、舞蹈、杂技等于一体的百戏表演等日常生活与文化娱乐场景，都是汉画像表现的主题和对象。

四川彭山出土画像砖，再现了汉代舂米的全过程：画面上方是粮仓，左侧是两人正在卖力踏碓舂米——可见汉代踏碓的结构，右下方一人抱桶倒出已舂好的米，一人使两把扇子扇去米糠（图5.18）。庖厨画像有较为简洁的，也有十分复杂、一派热闹繁忙景象的。

山东诸城前凉台墓出土庖厨画像，将大型庖厨活动表现得淋漓尽致：顶上一排横杆悬挂着各种野禽家畜肉食，画面描绘了汲水、酿酒、割肉、切菜、破鱼、烫鸡、杀猪、宰羊、椎牛、击狗、烤肉串、整理案桌等等内容，涉及人物四十多位，可谓场面宏大、热闹非凡。

成都扬子山出土观伎画像砖，表现汉代有较高社会地位家庭的宴饮娱乐活动：左上角一男一女席地而坐，在鼓与排箫的伴奏声中，欣赏伎人的跳丸、跳瓶和巾舞表演等（图5.19）。

图5.18 东汉舂米画像砖

图5.19 东汉观伎画像砖

收租画像砖（图 5.20）、在江行筏画像砖以及山东沂南北寨出土画像石中的撞钟图、建鼓舞画像（图 5.21）等均反映了汉代画像石、画像砖题材的丰富与广阔。

图 5.20　收租画像砖

图 5.21　建鼓舞画像

历史故事与神话传说类

汉代画像石、画像砖图像包含大量的历史故事和神话传说内容。历史故事多具有教育和训诫意义，神话传说题材多为营造天国仙界以供死者能够继续享受美好生活。

历史故事包括古代和传说中的帝王将相、圣贤高士、刺客烈女等，传说中的三皇五帝、汉代以前的历史人物与故事如周公辅成王、孔子见老子、荆轲刺秦王、蔺相如完璧归赵、二桃杀三士、泗水升鼎、秋胡戏妻等等，都在其中。

山东微山两城镇出土针灸画像石将神医扁鹊刻画成一只鹊鸟形象，令人不假思索就可看懂（图 5.22）。嘉祥武梁祠表现秦王泗水取鼎（图 5.23）、荆轲刺秦王等故事，都是选取典型情节和场景给予刻画和描绘。

汉画像中的神话传说内容包括伏羲女娲、西王母、三足乌以及牛郎织女、后羿射日、嫦娥奔月等等，它们多与古代天文星象密切相关（图 5.24-25）。

后羿射日图除了两只巨大的飞鸟栖息在枝上外，天空中乱飞的、正栖息

第五章 斜阳依旧： 秦汉纹饰之风韵犹存

图 5.28 汉画像几何形纹

此外，汉画像中还有许多祥瑞鬼神方面的题材与内容，它们主要是为了祈求天地神灵的保护，以祛灾禳祸、辟除不祥，保护死者得道升仙。

汉画像的神话主题：伏羲女娲、西王母、金乌

汉画像也称汉画，包括汉代画像石、画像砖、壁画、帛画、漆画，以及部分陶器、玉器、铜器等上面的图像资料，它们与纹饰有所交叉，但也可视为广义的纹饰。由于画像石、画像砖占据了汉画像的绝大多数，有时汉画像也指汉代画像石、画像砖上的画像。

汉画像大多数反映汉代社会现实、具有纪实性，也有为数不少的画像涉及神话传说、神异动物内容，其中尤以伏羲女娲、西王母、金乌（三足乌）三大主题及其相关内容的画像最为突出，若以专题或画像主题论，此三大主题画像的数量当排在汉画像的前列。

伏羲女娲、西王母、金乌（三足乌）等是对中国古代文化深有影响的文化母题，它们通过汉画像又得以繁衍和发扬光大，最终成为中国传统文化重要组成部分，因此值得专门了解与探讨。

有关伏羲女娲的画像

中国夏商以前的历史没有确凿可靠的文献记载，古人根据传说与想象编制出"三皇五帝"来指代夏以前漫长的中国历史。而伏羲位居"三皇之首"，是中华文化和中华民族的人文始祖。伏羲这种至尊地位开始于春秋战国，《易传》讲伏羲发明八卦而奠定了人类文化和文明的基础，长沙出土楚帛书也认为，在天地混沌未开时，伏羲娶女娲生四子，然后开天辟地、化育万物，开创了整个世界。伏羲女娲为创世神和人祖，故在汉画像中成为流行的主题。

汉画像中的伏羲女娲，多作人首蛇身交尾式，也有独立个体成像的，但

第五章 斜阳依旧：秦汉纹饰之风韵犹存

都是人首蛇身造型。他们常手执规矩，或抱举日月。在墓葬中出现，当是表达对始祖神的崇奉并祈望得到护佑。

嘉祥武梁祠画像石有多幅伏羲女娲图，有些伏羲女娲画像二人袖间悬吊一小人像，说明伏羲女娲被视为人祖，小人寓意其具有繁衍后代的功能（图5.29）。有些画像间有飞翔的羽人和祥云陪侍，说明伏羲女娲又是天神（图5.30）。二神又手持规矩，规以画圆、矩以画方，寓意"天圆地方"；规矩是立杆测影天文观测的必备工具，又是木工、石工等匠人必备工具，因此伏羲女娲手持规矩还当寓意他们创造和掌控着天地万物和宇宙。

图5.29 武梁祠伏羲女娲画像

图5.30 武梁祠画像石伏羲女娲图

四川和重庆出土伏羲女娲画像，常见二神手擎圆形物，当是日月的象征（图5.31-32）。重庆盘溪画像石，左右双阙之间为伏羲女娲二神；伏羲女娲之间有一个小人，说明伏羲女娲是生殖神；二神高举过头顶的圆形物中分别有象征太阳的金乌（鸟）和象征月亮的蟾蜍，说明他们又是日神、月神（图5.32）。河南及山东出土伏羲女娲像常见二神将象征日月的圆形物抱在胸前（图5.33）。

图5.31 郫县画像石伏羲女娲

图5.32 重庆盘溪画像石伏羲女娲

图5.33 南阳画像石伏羲女娲

第五章　斜阳依旧：秦汉纹饰之风韵犹存

新疆出土汉代画像砖女娲图与南阳出土嫦娥奔月图几乎如出一辙，都是一个人首蛇身的女性在空中奔向或靠近左上方的圆月（内有蟾蜍），说明嫦娥奔月神话与女娲神话可能有些关联（图5.34-35）。

图5.34　新疆出土画像砖女娲图　　　　图5.35　嫦娥奔月画像

有关西王母的画像

西王母形象最早见于《山海经》，是一个半人半兽的神，住在昆仑山。"其状如人，豹尾虎齿，善啸，蓬发戴胜"。形象凶猛威严，其职责是主管天下灾祸与刑罚（图5.36）。《山海经》还说西王母坐在案桌上，有三青鸟为她取食。其案桌，汉画像一般表现为龙虎座（图5.37）。三青鸟，有人理解为三只"青鸟"，有人理解为一只"三青鸟"，反正西王母是不劳而获、饭来张口罢了。

战国《穆天子传》讲西周穆王周游天下，西巡至昆仑山，拿出各种礼物拜见西王母，两人在宴会上吟诗唱和，相互祝福。这时西王母是一位雍容平和、温文尔雅、气度不凡的女王。《史记·周本纪》也记此事。

《庄子·大宗师》在论道的高妙伟大时说："西王母得之，坐乎少广，莫知其始，莫知其终。"就是讲西王母得了道，成为长生不死的人。因此传说西王母有不死之药，导致后羿与嫦娥分离的悲剧①。

---

① 《淮南子·览冥训》讲后羿从西王母那里得到不死之药，为妻嫦娥所偷食。嫦娥成仙飞升奔向月宫，二人从此两地分居。

图 5.36　西王母画像砖　　　　　图 5.37　西王母画像砖
　　　（河南郾城）　　　　　　　　　（川大博物馆）

东汉时好事者又为西王母配了一位夫君，叫东王公。西王母既执掌着昆仑仙山，东王公便被安排执掌蓬莱仙岛。汉画像里有不少表现西王母至尊无匹的情景，也有一些西王母、东王公妇唱夫随的场面。

后来道教里产生了至上天神玉皇大帝，西王母又被安排为玉皇大帝的老婆，成了王母娘娘。既是玉皇大帝的老婆，自然雍容华贵、姿容盖世。这是"豹尾虎齿、蓬发戴胜"的西王母最后的华丽转身。

汉画像中西王母图像造型多样、风格特征各异，主要有以下四个类型：

一是西王母端坐于龙虎座上，有陪侍的仙人、三青鸟、九尾狐、玉兔、蟾蜍等。这类图像主要存在于四川、重庆地区。

二是西王母出现于摇钱树枝叶上，也有歌舞、杂技表演及仙人、三青鸟等陪侍。这类图像主要发现于四川西部（图 5.38）。

三是西王母与东王公同时出现。这类图像主要见于陕西、山东等地，一般是西王母、东王公并存于墓门左右立柱上，他们端坐于悬圃或山字形平台（图 5.39）。

四是有伏羲女娲陪侍的西王母。这类画像主要见于山东、河南等地，这种画像里西王母的地位至高无上，居然把伏羲女娲作为其陪衬（图 5.40）。

第五章 斜阳依旧：秦汉纹饰之风韵犹存

图 5.38　成都青白江区出土"西王母与杂技"摇钱树枝叶拓片（王煜）

图 5.39　东王公与西王母画像
（山东沂南）

图 5.40　西王母与伏羲女娲画像

有关金乌、三足乌的画像

汉画像中有关天象的内容非常丰富，尤其以河南南阳和四川出土画像最为典型。画像内容包括四象（苍龙、白虎、玄武、朱雀）、金乌负日、三足

— 225 —

乌、日神月神、日月相望、日月交食、牵牛星、织女星、毕宿、箕宿等，也有羲和驭日、常羲沐月、后羿射日、嫦娥奔月等关于日月星象的神话故事与传说。金乌、三足乌画像是其中的代表。

金乌是神话中的神鸟、太阳鸟。古人认为太阳是由金乌负载着在天空中运行的，所以在一些古代文献和汉画像中，金乌就成了太阳的象征。神话中的金乌有三足，故又称"三足乌"。

汉画像中金乌主要有三种表现形式：一是将鸟纹与一个圆形结合，鸟纹大小超出圆形直径，表示"金乌负日"（图5.41；图5.44）；一种是在圆形内绘一只鸟，表示日中之乌（如果在圆形内绘蟾蜍，则表示月亮、月中蟾蜍）；第三种是单独的一只鸟。四川出土日神画像砖也将前两种形式结合在一起（图5.43）。三足乌图像相对较少，有时见于西王母画像中，典型的日中三足乌见于河南南阳唐河针织厂出土画像石（图5.42）。

图5.41　金乌负日画像（成都）

图5.42　日中三足乌画像（南阳）

图5.43　日神画像砖（四川）

虽然《山海经》至汉代文献中有不少关于金乌负日、日中之乌的材料，

第五章 斜阳依旧：秦汉纹饰之风韵犹存

汉画像也有不少表现这个题材和内容，但不能将古代所有鸟像都视为金乌、太阳崇拜。古代鸟像至少有四个主要的义项：金乌（象征太阳）、心宿的物象或者南朱雀（星象）、自然界的鸟、神话或想象中的鸟（如陪侍西王母的三青鸟）。四川地区出土画像砖甚至用鸟图像来表示月神（图5.45）。

西王母画像中鸟纹的含义可能也有不同情况：一种是三青鸟，专为西王母取食；一种是凤鸟或朱雀，源自星象；一种是三足乌，与太阳崇拜有关。

图 5.44　金乌负日画像（河南）

图 5.45　月神画像砖（四川）

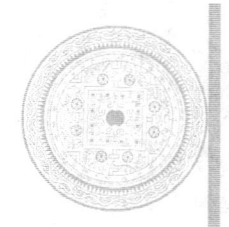

强弩之末：
秦汉青铜器、金属器与铜镜之纹饰

秦汉时期青铜器性质发生重大变化，由青铜礼器变成了实用器。虽然秦代青铜器铸造技术超过前代，拥有铜马车这种古代世界体量最大、结构和工艺最复杂的青铜器，但从纹饰角度看，它们远不能与之前的青铜礼器相提并论。秦汉是青铜礼器和纹饰的衰落时期，很多器物都素面无纹。

秦汉青铜器纹饰可从三个主要方面考察：一是部分青铜器在器类、纹饰及其内涵上继承了前代的传统，包括一些实用器的纹饰；二是青铜镜及其纹饰经过春秋战国的发展，在数量、纹饰、工艺上都达到了一个高峰，极大地丰富和充实了秦汉青铜器纹饰的形式与内容；三是部分边疆地区青铜器及其纹饰较为发达或有独特的形式、内容与风格，尤其以滇文化青铜器及其纹饰最为突出。

秦汉青铜器纹饰处于一个承前启后的过渡时期，一些纹饰延续和继承了古代青铜文化传统，一些纹饰则进一步向写实和装饰的方向发展。青铜器纹饰作为青铜时代文化和精神的重要载体，如同陶器纹饰在夏商周的命运一样，它们已是强弩之末。

此外，秦汉时期金银器、铁器或者错金银的铜器，也有一些纹饰值得关注和了解。

秦汉青铜器及其他金属器纹饰

秦代传世及已出土青铜器较少，目前所知主要是秦始皇陵园出土的两乘彩绘铜马车、错金银乐府铜钟、一些水禽及秦兵马俑坑内近4万件兵器（绝大多数是铜镞）等。

秦代青铜器纹饰主要有铜马车零部件上装饰的菱形纹、方格纹、云纹、S纹等几何形纹饰和龙凤纹、夔纹等传统的幻想动物纹。错金银乐府铜钟的纹饰具有代表性。除了传统的36个乳钉枚分布篆间各区，其他各部饰错金的蟠螭纹、蟠虺纹、云雷纹及错银云纹等（图5.46；彩图29）。山东临淄出土秦代龙凤纹银盘，内外满饰错金龙凤纹，尽显华贵和精湛工艺。

图5.46　错金银乐府铜钟纹饰

秦陵铜马车金节约表面纹饰为两个蟠螭纹互相追逐形式，构成阴阳两仪太极图式（图5.47）。秦兵马俑铠甲[①]上有明确的八角星纹、直线直角化的S纹（图5.48）。这些纹饰说明太极八卦经过儒家《易传》等文献的充分阐释和义理发掘，秦汉时期进一步神化和世俗化了。

[①] 秦陵及其兵马俑坑出土的甲胄（铠甲与头盔）一般是石片制成，但是秦军将士所穿戴的甲胄应该是铜制或铁制，研究者认为这种石制甲胄及其纹饰都是仿自真实的甲胄，因此本文将石制甲胄的纹饰也视为青铜或铁制甲胄纹饰。

 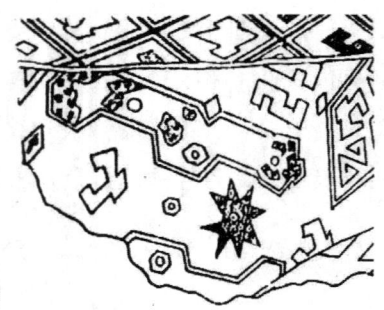

图 5.47　秦陵铜马车金节约　　　　图 5.48　秦陵兵马俑铠甲纹饰

汉代青铜器继承了青铜时代尤其是春秋战国青铜器常见的幻想动物纹，如蟠夔纹、蟠螭纹、蟠虺纹等，甚至也包括夔纹、夔龙纹、饕餮纹、火龙纹，也有前代青铜器常见的几何形纹饰如弦纹、旋纹、云纹、云雷纹、三角形和对顶三角形、菱形、圆泡纹、乳钉纹等等。可以说商周和春秋战国青铜器的主要纹饰大多数在汉代青铜器上都能见到，当然其文化内涵也应该是一致的。以下举例说明：

汉代饕餮纹铜奁几乎全身饰纹。整个器物面通过扉棱竖分为四，所有纹饰以扉棱为对称轴，具有对称性。器盖、器物肩颈部及圈足一周等均是成对的具有对称性的夔纹，其数位关系吻合"太极两仪四象八卦"数理。器腹巨大的饕餮纹是主题纹饰。所有纹饰的地纹都是云雷纹（旋纹、S 纹）。饕餮纹的两个前爪是明确的火纹（象征大火），说明饕餮纹即北斗、北极星神（图 5.49）。

汉代夔龙奁全身饰纹。盖缘及器腹一周主要有两种纹饰带交替配置：一种是阴阳交午图形夹菱形的二方连续纹样，一种即夔龙纹带。后者的构成是：一周有 8 个夔龙纹，两两相向（或相背）；每个夔龙纹四周均为阴阳交午图形，说明夔龙纹的对称关系寓意阴阳。奁腹有三周夔龙纹带：每周 8 个夔龙纹两两相向或相背，寓意阴阳八卦，计 24 个阴阳交午图形（横置 16 个，竖置 8 个）寓意一年二十四节气；三周夔龙纹带有 24 个夔龙纹合一年二十四节气，计 72 个阴阳交午图形合一年七十二候（图 5.50）。

第五章 斜阳依旧： 秦汉纹饰之风韵犹存

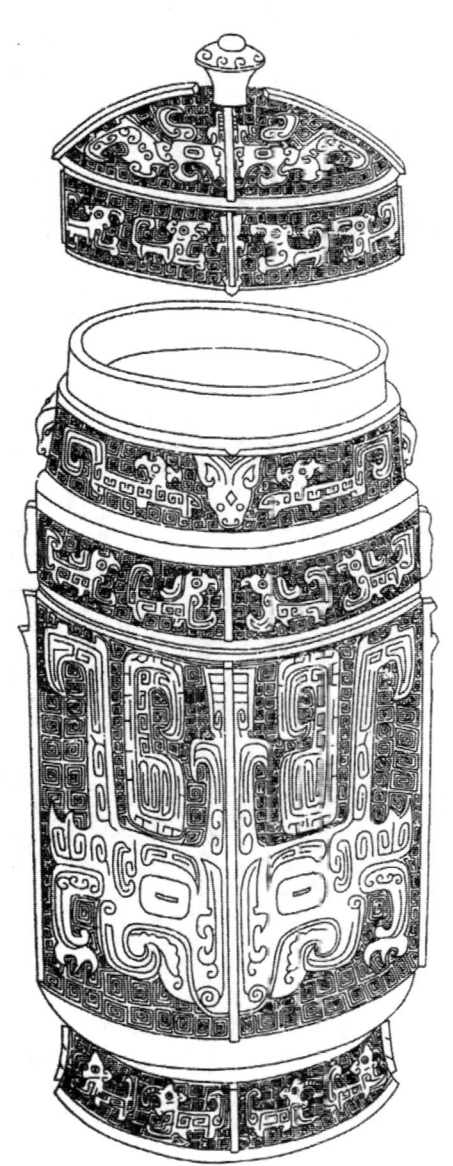

图 5.49 汉代饕餮纹奁

图 5.50 汉代夔龙纹奁

铜编钟在汉代仍然存在,其纹饰也一如既往,尤其是篆间 36 个枚的设置和鼓部的夔龙纹。如安徽天长汉墓出土一套 9 件铜钮编钟、一套 10 件铜甬编钟,以及两种镈钟(图 5.51-53)。传世的汉代乐钟,纹饰也差不多。

汉代青铜器以日常生活用器为主,其中不乏造型独特的器物,以动物造型的青铜器也常见;前者以博山炉为代表,后者以各式灯具为代表。博山炉即铜熏炉，外观器、盖合一多作花苞形，花苞部分制作成千山万壑样（图5.54）。汉代铜灯有人形、牛形、羊形、凤形、雁足、兽首形等各种造型，如山西朔州出土著名的彩绘雁鱼灯（图5.55）。

图5.51　天长铜钮钟

图5.52　天长铜甬钟

图5.53　天长铜镈钟

图5.54　汉代博山炉

山东淄博齐王墓出土西汉铜戈，上面镶嵌一金鸟，此戈被认为是用于宫廷仪仗和护卫。金鸟背上明确制作一火纹，说明此鸟不是凡鸟，乃心宿象征物（图5.56；彩图30）。

图 5.55　铜雁鱼灯

图 5.56　金禽铜戈

汉代青铜镜及其纹饰的丰富多彩

汉代铜镜是中国铜镜史上继战国之后的又一个高峰，无论铸造技术、规模、数量都达到前所未有的新高度。除了山字镜，战国铜镜的主要类型和纹饰在汉代都得到继承，而新的铜镜类型和纹饰更为丰富多彩。最为流行的铜镜可分蟠螭纹镜、蟠虺纹镜、草叶纹镜、星云纹镜、铭文镜、四乳（或多乳）纹镜、连弧纹镜、博局纹镜、神兽镜、夔凤纹镜、龙虎纹镜等10多类。实际上大多数铜镜都是兼有几种纹饰。

这里主要对连弧纹镜和博局纹镜做些介绍。

连弧纹镜在战国时期已是流行的铜镜类型，而且以八连弧最为常见，探

第五章 斜阳依旧：秦汉纹饰之风韵犹存

索其纹饰的文化内涵，多与八卦和古代天文历法有关，应该称为星纹镜。汉代连弧纹镜数量更多，可能是出土汉镜中数量最多、流行范围最广的铜镜，且多为八连弧或十六连弧纹。汉代连弧纹镜纹饰也多与古代天文历法有关。举例说明如下：

湖南望城风篷岭出土连弧纹镜，在八连弧纹内有一周圆点纹，计12个圆点被分为4组、每组3个，合一年四季十二个月历数，佐证八连弧纹应该视为八角星纹即寓意八卦八节。这种形制和纹布的铜镜也见于陕西千阳县、河北阳原三汾沟、江苏邗江姚庄汉墓等，说明其分布的广泛性（图5.57-58）。

图5.57　汉代连弧纹铜镜　　　　图5.58　汉代连弧纹铜镜

陕西陇县原子头出土连弧纹镜，有内外两重十六连弧纹：大小连弧纹之间有4个由圆点构成的圆圈纹，每个圆圈纹有8个圆点，可寓意八卦八节；小连弧纹内有一周12个圆点，被分为4组、每组3个，合一年四季十二个月历数（图5.59）。另外一件汉代乳钉连弧纹镜，也有大小两重十六连弧纹，其间有24个大小乳钉纹，其中4个大的两侧各有一个小的计12个分别置于4个眼形纹内（余下12个小乳钉纹也被分为4组、每组3个），这些乳钉纹设置合太极两仪、四象八卦、一年四时八节十二个月二十四节气数理（图5.60）。它们都佐证十六连弧纹应当理解为星形纹、象征日月星辰的光芒，与天文历数有关。

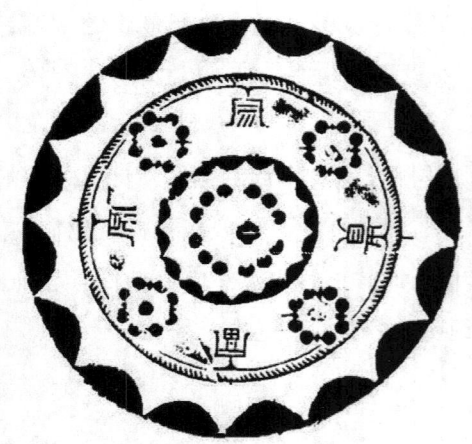 

图 5.59　汉代连弧纹铜镜　　　　图 5.60　汉代乳钉连弧纹镜

博局纹镜原称规矩纹镜，其主要纹饰结构为外圆内方，因其间有︿、丅、L三种与规、矩相似的符号而得名。后来发现这些符号及其布局与秦汉之际盛行的博局图完全吻合，改称博局纹镜。有人认为博局纹镜是汉代铜镜中数量最多的，可想象其在汉代的流行程度。

博局纹镜除了博局图，还常与其他各种纹饰配合。因此博局纹镜又可分为蟠螭纹博局镜、草叶纹博局镜、四神博局镜、乳钉纹博局镜、鸟兽纹博局镜、几何纹博局镜、连弧纹博局镜以及简化博局镜等等。而且博局和博局镜上的符号丅、L、︿各4个共"十二曲道"，其设置与一年四季十二个月历数相合。

大多数博局纹镜的纹饰也与古代天文历法、易数或星象有关。如洛阳烧沟出土博局纹镜，其方框外8个星纹均是八角星纹，演绎"八卦六十四卦"数理（图5.61）。山西离石马茂庄出土博局纹镜，其方框内四方四隅布12个乳钉纹，合一年十二个月历数，方框外四方位布8个乳钉纹，合一年四时八节数（图5.62）。

第五章 斜阳依旧：秦汉纹饰之风韵犹存

图 5.61　汉代星纹博局镜

图 5.62　汉代乳钉博局纹镜

西南地区汉代青铜器及其纹饰

秦汉时期有些边疆地区也有较发达的青铜文化。如北方草原地区，青铜文化带有草原和游牧民族特色，器物多饰人物和各种动物纹。西南地区滇文化青铜器及其纹饰，内容丰富、风格独特，令人印象深刻，在秦汉青铜器及其纹饰中，应占有一席之地①。以四川盆地为主要分布区的摇钱树，在汉代青铜器纹饰中也独具风格和特色。

摇钱树是东汉初至蜀汉晚期主要流行于四川盆地及其周边地区的一种墓葬器物，一般由树座、树干和枝片三部分组成。树座多为陶制（也有铜制），树干和枝片用青铜制作。由于其干枝上多铸五铢钱纹，故被称为摇钱树。

摇钱树的枝丫多分为4~6节不等，树上铸有十分繁杂的各种图像、纹样，顶枝上常见立鸟。图像和纹饰涉及中国古代神话传说、天象崇拜和认识、道教文化、佛教文化等题材和内容。常见图像和纹饰有五铢钱、璧形饰、西王母、仙人、天马、朱雀、玉兔、青鸟、辟邪、熊、猴和其他各种祥禽瑞兽、奇花异草，以及佛像、力士、象与象奴等等。

---

① 参见本书第四章之《西南地区：巴蜀文化与滇文化之纹饰》。

摇钱树枝叶、纹饰,也常以古代天文历法为表现主题和内容。如四川绵阳何家山出土东汉摇钱树,通高 1.98 米,有多层枝叶。顶枝为昂首站立的朱雀,其下两层树干与枝叶合为一体:上层中央为西王母座像,两侧有龙虎拱卫及各种杂技、百戏表演;下层有大小相套的圆钱、持竿羽人和辟邪、怪兽等。下面四层分两种情况:在上的两层各插接枝叶 4 片,在下的两层各插接枝叶 8 片,四层合计 24 片枝叶,其数位关系合一年四时八节二十四节气历数。摇钱树枝叶上还有西王母、象与璧、力士与璧、青龙、朱雀、鹿等等造像(图 5.63)。

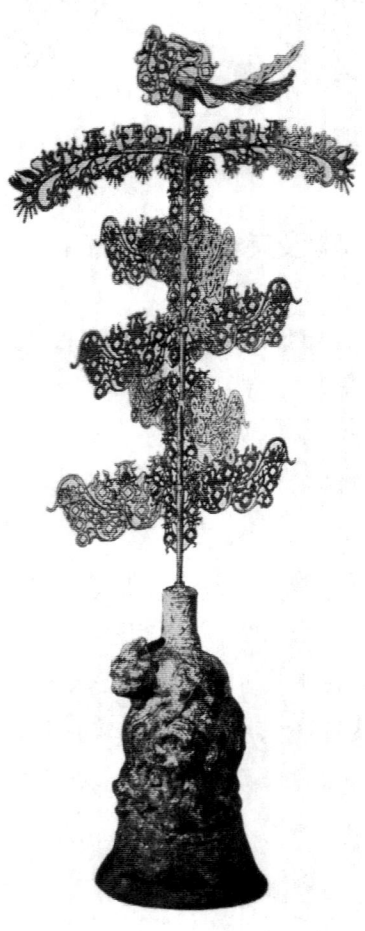

图 5.63 东汉摇钱树

第五章 斜阳依旧：秦汉纹饰之风韵犹存

别样繁荣：
秦汉陶器尤其瓦当纹饰的异军突起

自进入青铜时代开始，青铜器及其纹饰取代了远古时代彩陶及其纹饰在承载人类精神文化、传承古代思想与科学文化的主导地位，陶器纹饰一度处于落寞和非主流地位。但是经春秋战国彩绘陶有所繁荣之后，秦砖汉瓦尤其秦汉瓦当纹饰、汉代画像砖异军突起，它们成就了中国古代陶器纹饰（图像）最后的一抹辉煌，为古代陶器纹饰传承文化与文明的使命画上了一个圆满的句号。

除了瓦当纹饰与画像砖，秦汉陶器纹饰在形式和内容上都有可圈可点之处，如仿制漆器纹饰、彩绘陶器纹饰、秦陵空心砖纹饰、部分造型独特的器物以及作为明器生产与使用的建筑物陶仓、陶楼的形制与纹饰等。这里选择部分代表性器物及纹饰给予介绍，并将秦汉瓦当纹饰作为重点。

部分陶器纹饰介绍与欣赏

汉代陶器纹饰模仿漆器纹饰，以河南济源桐花沟汉墓出土陶器为例：

陶壶盖面、颈部、腹部的主体纹饰都是耳形纹或由耳形纹组合连接成S形（图5.64）；陶鼎盖面主体纹饰为三个旋纹，其间点缀着一些细小的耳形纹（图5.65）；茧形壶盖面和腹部的主体纹饰也是耳形纹，其间也点缀一些细小的耳形纹，同时盖面中央圆形内用两个耳形纹拼接组合成一个S形，与外圆配合构成一个典型的阴阳两仪太极图（图5.66）。

旋纹、涡纹、S纹、耳形纹或者用两个耳形纹构成阴阳两仪太极图、S纹，或者将它们与旋纹、凤鸟纹结合在一起，这些纹饰普遍见于西汉早期以江淮流域为核心的楚文化圈。桐花沟汉墓的年代在西汉中期,其陶器纹饰显然是对西汉早期漆器纹饰的仿制,当然其文化内涵也应该一致。

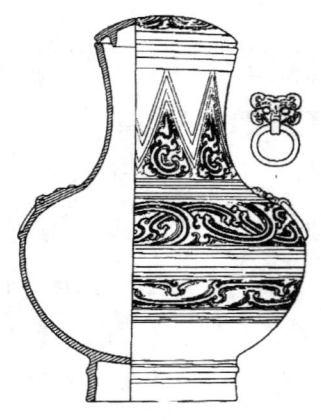

图 5.64　汉代陶壶

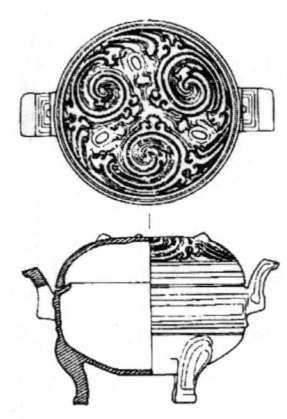

图 5.65　汉代陶鼎

秦汉彩绘陶有两大类:一类以秦始皇陵及咸阳杨家湾西汉大墓出土的上千件彩绘兵马俑为代表,包括汉代大量其他类型陶俑、陶仓等,都使用了彩绘,而且大都是整片涂抹。一类是彩绘纹饰的陶器,主要有宽带纹、锯齿纹、

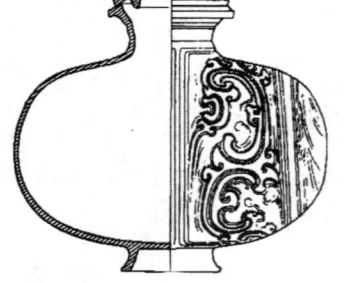

图 5.66　汉代陶制茧形壶

双线三角纹、圆点纹、旋涡纹、S 纹、雷纹等几何形纹饰,及龙凤纹、蟠夔纹、蛇纹、青龙、白虎、朱雀等动物纹饰。当然也不乏兼而有之的情形,例如:

济南出土一件西汉载人陶鸟,满身彩绘,又造型独特(图 5.67;彩图 31):鸟的两个翅膀上各有一件陶鼎,陶鼎的三足为三个站立的人形;鸟颈后、背上又站立三人,其中两人共撑一巨伞,一人操手于胸前,似有主从关系。两件陶鼎、九个人在一只鸟的

— 240 —

第五章 斜阳依旧：秦汉纹饰之风韵犹存

背上，这鸟不是神鸟是什么？

图 5.67 西汉载人陶鸟

  鼎是青铜时代最重要的礼器。商周青铜鼎，方者象征北斗，圆者象征北极天盖，其纹饰设计常服务于这个宏大主题。西汉载人陶鸟翅膀上两件陶鼎的外腹部均画有一周心形纹，当寓意心宿与北极、北斗之关系，证明鼎器的象征意义在西汉仍然为人所熟知。陶鸟背上三人，其中一人头上有璧形物，璧乃象天，说明三人实为天上神人、仙人。根据中国古代文化一贯的传统，此陶鸟应是心宿的物象，故强调其重要性而有此夸张造型。
  秦砖烧制技术成熟，质地坚硬，有"铅砖"之称。其纹饰有米字格、圆纹、平行线、小方格以及游猎、宴客场景等，用于台阶或壁面的空心砖多龙凤和几何形纹。秦始皇陵及秦咸阳城遗址出土不少龙纹空心砖，其纹饰可帮助我们更好地认识龙凤及与之相关的中国古代文化。

如秦咸阳城遗址一件龙纹空心砖,其纹饰结构是:两方向相反的反 S 形龙纹交叉组合成三联璧纹样,每个圆圈内再填一璧形纹,璧形纹内绘一凤鸟纹。璧纹象天,说明龙凤纹与天象有关,应从天象角度去理解。凤鸟与龙的关系对应心宿与东宫苍龙的关系;两龙纹结构成三个圆圈,内填三个璧形纹,再填三个鸟纹,反复突出三数,对应于心宿三星。两龙纹相交、方向相反均寓意阴阳;龙身均是一剖为二,寓意太极生阴阳(图 5.68)。

秦陵出土龙纹空心砖还有直接在龙身上画凤鸟纹、凤鸟背上驮三个圆纹的,表现凤鸟就是象征心宿三星及其与东宫苍龙星象的关系。

图 5.68　秦咸阳城出土空心砖纹饰

秦汉瓦当纹饰的辉煌壮丽

"秦砖汉瓦"是中国古代具有代表性的建筑材料,瓦当及其纹饰的制作经春秋战国数百年历练,到秦汉达到一个高峰。秦虽然短暂,但其大一统中央集权制国家的建立,必然反映在物质与精神文化各个方面,瓦当艺术也达到了前所未有的高峰。陕西秦始皇陵园、辽宁绥中姜女石秦汉行宫等遗址出土的巨型夔凤纹瓦当,制作精湛,纹饰雄奇,充满了神秘色彩,表现出秦帝国不可一世的威势与雄风(图 5.69;彩图 32)。

秦汉瓦当纹饰大体上可分为图像纹、图案纹和文字纹三大类。图像纹主要是动物纹,有鹿、鸟、龟、鹤、豹、昆虫、玉兔等自然动物和龙、凤、四

第五章 斜阳依旧：秦汉纹饰之风韵犹存

神等幻想神灵动物，也有一些植物纹，最有影响的就是四神图像（图 5.70）。图案纹主要是各种结构严谨规律性强的云纹、旋纹、S 纹、花叶纹、莲瓣纹等等以及方格纹、网纹、点纹、线纹等几何形纹饰，有些也被视为植物纹。文字纹秦代较少，汉代特别多，如秦有"千秋万岁 与天无极"瓦当（图 5.71），汉有"千秋万岁"、"长乐未央"、"汉并天下"、"万寿无疆"等等各种表达祥瑞、愿景的语汇。

图 5.69　秦夔凤纹大瓦当

图 5.71　秦代文字瓦当

图 5.70　汉代四象（青龙、白虎、朱雀、玄武）瓦当

秦汉时期，中国进入空前大统一的专制时代，全国各地瓦当纹饰也逐渐趋同，而各种云纹、涡纹及其组合或变形纹饰成为当时最流行的瓦当纹饰和主流纹饰。它们最常见的结构是：当面分为内外两圈或两部分，用 4 组双短线纹将外圈（或内外两部分）均分为四等份，然后制作均衡、对称的各种云纹，整体上其结构和纹饰数量关系吻合"太极生两仪，两仪生四象，四象生八卦"模式，或者一年四时八节（图 5.72-73）。

图5.72　秦四叶云纹瓦当1

图5.73　秦四叶云纹瓦当2

瓦当云纹最频繁的画法是三种大同小异的模式。以秦代"四叶云纹"瓦当的云纹为例，它们都是底边为弧线而有左右对称的双勾内卷线（◠纹及其变形）。区别在于，一种双勾内卷线反复缠绕为"螺纹"（图5.72），一种是双勾内卷线仅有一、两周或更少成为"旋纹"或"涡纹"（图5.73），一种是在双勾内卷线内增加互相缠绕、对称的勾卷线即成为阴阳两仪太

图5.74　秦四叶云纹瓦当3

极图式（图5.74）。这些纹饰实际是将火纹与太极图的简化模式旋纹、涡纹结合在一起而成，其地纹也是一个变形火纹，其内涵表达并非自然界的"云"。

以下通过部分典型秦汉云纹瓦当纹饰的分析给予说明：

秦云纹瓦当1。外圈为云纹，内圈为点纹。内圈点纹自内而外分三周：中心为4个连线成方形的点纹，第二周是围绕中心四点纹的8个点纹，第三周是12个点纹。这些点纹完全吻合历数：第三周点纹合一年十二个月，第二周点纹合八卦八节，中心4个点纹寓意斗魁四星；全部点纹24个合一年二十四节气。内圈点纹印证外圈"云纹"的天文学意义，即它们是火纹与太极图的

融合（图 5.75）。

秦云纹瓦当 2。外圈为云纹，内圈为点纹。与秦云纹瓦当 1 纹饰的区别仅仅在于，内圈点纹第三周为 13 个点，合阴历一年十三个月（图 5.76）。两件秦云纹瓦当纹饰的相同和区别，充分说明这些纹饰是特意设计和制作的，与表达特定的天文历法内涵相关。

图 5.75　秦云纹瓦当 1　　　　图 5.76　秦云纹瓦当 2

西汉云纹瓦当 1。纹饰完全同于秦云纹瓦当 1，故其内涵表达完全相同（图 5.77）。

西汉云纹瓦当 2。外圈为云纹，内圈为点纹。内圈点纹自内而外同样分三周：中心 4 个点纹，第二周 11 个点纹，第三周 17 个点纹。第二、三两周点纹合计 28 个，与周天二十八宿数吻合，与中心连线成方形的 4 个点纹寓意斗魁四星互证。内圈点纹的设置佐证外匝"云纹"的天文学意义（图 5.78）。

虽然并不是所有秦汉以及古代云纹瓦当的纹饰都严密吻合历数，但是大量的这类瓦当纹饰足以说明和证明其文化内涵表达与古代天文历法相关，而非表现自然界的云。因古人极其熟悉这类纹饰及其寓意，故存在一些没有严密历数的同类纹饰是合理的。

图 5.77　西汉云纹瓦当 1　　　　图 5.78　西汉云纹瓦当 2

第五章 斜阳依旧：秦汉纹饰之风韵犹存

造型繁复：
秦汉玉器及纹饰的新动向与新追求

经过了春秋战国礼崩乐坏、诸侯争霸、百家争鸣的洗礼，秦汉玉器尤其是汉代玉器摒弃了周代传统礼制和观念的束缚，走上了自由奔放、蓬勃发展的道路。

秦汉玉器在继承战国玉器工艺基础上，充分吸收了楚文化玉器清逸脱俗、浪漫自由的气息，融合成雄浑豪放、气势磅礴的艺术风格，成就了中国古代玉器自远古和商代以来的第三个高峰。秦汉玉器是中国玉器发展早期阶段的结束，也开启了玉器融入现实生活、进入玉器发展世俗化的新阶段。

目前发现秦代玉器较少，主要通过汉代玉器来说明秦汉玉器及其纹饰的新动向与新追求。

秦汉玉器及其纹饰的基本情况

与春秋战国相比，秦汉玉器在品类、功能、纹饰、艺术风格等方面都有明显变化与新的追求。尤其在玉器功能和艺术风格上，开启了玉器作为实用品和艺术品而存在的新时代。

汉玉实用器包括玉杯、玉盘、玉樽、玉匜（yí）、玉带钩、玉扣、玺印等等日常生活用器。最典型的是有大量丧葬用器，如用于死者身体各部位的玉覆面、玉衣、玉塞（九窍塞）、玉琀、玉握等。有些装饰品也具有实用价值或由实用器发展演变而来，如玉觽（xī）、玉韘（shè）。觽是古人用于解开绳结的工具，韘是古人射箭时戴在右手拇指上用于钩弦的工具。

汉代是古代玉器从礼器向纯粹艺术品方向演进的一个转折时期，出现了大量的艺术品和陈设品。考古发现很多工艺精湛但并不以表达和承载特定文化内涵为主题的玉器，如河北定县中山简王墓出土玉枕、定县中山穆王墓出土玉座屏、北京大葆台汉墓出土玉舞人（图5.79）、河北满城汉墓出土玉人、咸阳汉元帝渭陵附近出土玉仙人骑奔马（图5.80），咸阳汉昭帝平陵附近出土的玉奔马、玉熊、玉鹰、玉辟邪等等，都是典型的玉器陈设品。

图5.79 西汉玉舞人

图5.80 西汉玉仙人骑奔马

汉代玉璧不少都附加出廓部分，而且十分突出，多精雕细琢，常有喧宾夺主的感觉，说明这种玉璧已由礼器演变为艺术品，作为佩饰或陈列品使用（图5.81；彩图33）。

汉玉纹饰可分为几何纹和动物纹两大类：几何纹以谷纹、蒲纹（蒲纹主要见于汉代，是一种六角形格子纹，犹如编织的蒲席）、云纹、涡纹最为常见。蒲纹、谷纹多见于玉璧，云纹、涡纹多见于动物形象。动物纹又分幻想型和写实型两种，幻想型主要有龙、凤、铺首、螭虎纹等（图5.82-83；彩图34），多数很抽象不易辨认，另外还有神话传说中的神仙怪兽。写实型动物纹也较多，包括现实和大自然中的鸟兽，以及人物纹。

由于没有礼制束缚，以及生产工具和工艺的进步，汉玉在造型和纹饰制作上都能够进一步随心所欲，因此在风格上产生两个较明显的特征：

第五章 斜阳依旧：秦汉纹饰之风韵犹存

图 5.81 东汉双螭玉璧

图 5.82 金镶玉铺首（满城汉墓）

图 5.83 透雕螭虎纹玉佩

一是部分作品充分反映和表现了自由奔放、气势磅礴的大汉气象。如西安茂陵遗址出土玉辅首、西安三桥镇汉墓出土夔凤纹玉璜等作品。前者主要图像源于商周饕餮纹，但没有饕餮纹的阴森恐怖气氛，而多了大气磅礴、安

— 249 —

宁稳定的盛世气象（图 5.84）；后者为小鸟之身，但双翅展开如垂天之翼，令人想到《庄子·逍遥游》对鲲鹏展翅的描绘，充分折射了大汉的雄心壮志（图 5.85）。

图 5.84　西汉大型玉辅首

图 5.85　汉代夔凤纹玉璜

二是产生了一些造型和纹饰都比春秋战国和三代玉器更加繁复的作品。如安徽巢湖北山头出土朱雀踏虎衔环玉卮（图 5.86）、中山穆王刘畅墓出土玉座屏、大量的出廓玉璧等等，都是典型器。

因此，有专家认为汉代玉雕艺术"在中国玉文化发展史上达到了高峰"。

秦汉玉器及其纹饰欣赏

陕西茂陵（汉武帝刘彻的陵墓）附近出土的大型玉铺首，其中央为浅浮雕兽面纹，两侧饰青龙、白虎、朱雀、玄武，形象生动，雕琢细腻，是难得的玉雕精品。青龙、白虎、朱雀、玄武四神以兽面纹为中心对称分布，说明兽面纹可能象征北斗、北极天神（"太一神"），为释读和理解商周青铜器饕餮纹（兽面纹）带来启示（图5.86）。

广州南越王墓出土铺首衔环玉璧，出廓部分为铺首即镂雕兽面纹，玉璧成为铺首所衔之环，完全改变了礼天玉璧之形象和性质——如果从兽面纹象征北斗神、北极神的角度看，二者的文化内涵又能够融合。镂雕兽面纹一侧还附加了龙凤纹，使玉璧出廓部分反客为主，玉璧显得不堪重负，充分表现了汉玉造型和纹饰繁复的特点，也说明兽面纹在整个器物造型和意思表达中，比龙凤和玉璧都更加重要，佐证兽面纹可能与北斗、北极天神有关（图5.87）。

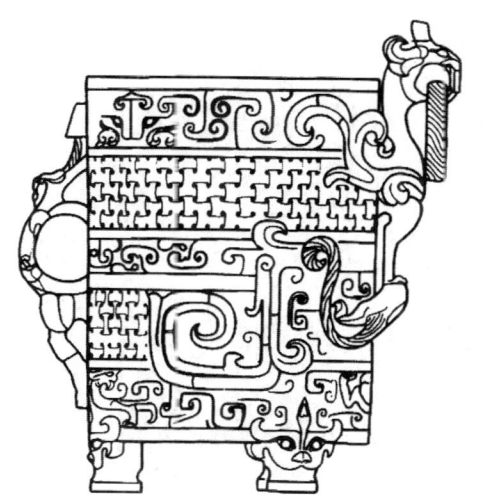

图 5.86 朱雀踏虎衔环玉卮

图 5.87 西汉铺首衔环玉璧

图 5.88　西汉龙纹玉璧
（国家博物馆）

图 5.89　双身兽面纹玉璧
（西安北郊汉墓）

图 5.90　双身兽面纹玉璧
（西安北郊汉墓）

图 5.91　兽面纹玉璧
（咸阳师范）

第五章 斜阳依旧：秦汉纹饰之风韵犹存

国家博物馆藏一件西汉龙纹玉璧，其主体纹饰分内外两圈，内圈为谷、蒲纹，外圈为四组一首双身夔龙纹作四方八位式分布（图5.88）。同样（或近似）形制和纹饰的玉璧见于陕西、湖南、广州等南北方不同的地区，外圈一首双身幻想动物纹，有的称为兽面纹，有的称为变形龙凤纹，它们可能是同一种纹饰，只是个别有所简化或存在细微差异。一首双身动物纹本身可以表示太极分阴阳两仪，其作四方八位式分布可寓意四象八卦、四时八节（图5.89-94）。

图5.92　兽面纹玉璧
（西汉南越王墓）

图5.93　变形龙凤纹玉璧
（凤篷岭汉墓）

这些玉璧的形制和纹饰都差不多：玉璧纹饰形成内、外、中三个明确的同心圆，其内孔直径与内外两周环形璧面的宽度大体上一致（个别差异较大，如广州南越王墓出土玉璧，图5.94），加上内外圈纹饰的一致，说明其制作有一定之规，而且其性质、文化内涵和功能应该都一样，即它们应该是礼器，沿袭了玉璧礼天的传统，其在不同地区的出现应该为文化传播所致。玉璧形制和纹饰形成的内、外、中三个同心圆，可能受到三衡图的影响，或象征三衡图。

汉代玉器纹饰也有直接表现天文历法内涵的，如江苏仪征烟袋山汉墓出土玉璧，内饰谷蒲纹，外围一周以两个对称的变形兽面纹分界，左右各六组双S形纹，计12组24个S纹，合一年十二个月二十四节气数（图5.95）。

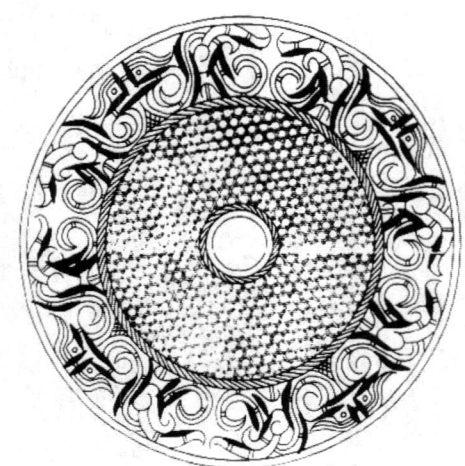

图5.94　变形龙凤纹玉璧
（凤篷岭汉墓）

图5.95　汉代玉璧
（仪征烟袋山）

本书主要参考文献

（本目录仅为主要部分，不包括全部参考文献）

1. 中国社会科学院考古研究所：《偃师二里头——1959-1978年考古发掘报告》，中国大百科全书出版社，1999年。

2. 河南省文物考古研究所、中国历史博物馆考古部：《登封王城岗与阳城》，文物出版社，1992年。

3. 杜金鹏、许宏：《二里头遗址与二里头文化研究》，科学出版社，2006年。

4. 河南省文物考古研究所：《郑州商城——1953-1985年考古发掘报告》，文物出版社，2001年。

5. 河南省文化局文物工作队：《郑州二里冈》科学出版社，1959年。

6. 江西省博物馆、江西省文物考古研究所等：《新干商代大墓》，文物出版社，1997年。

7. 中国社会科学院考古研究所：《殷墟妇好墓》，文物出版社，1980年。

8. 中国社会科学院考古研究所：《张家坡西周墓地》，中国大百科全书出版社，1999年。

9. 河南省文物考古研究所、周口市文化局：《鹿邑太清宫长子口墓》，中州古籍出版社，2000年。

10. 陕西省博物馆、陕西省文物管理委员会：《扶风齐家村青铜器群》，文物出版社，1963年。

11. 河南省文物考古研究所：《新郑郑国祭祀遗址》，大象出版社，2006年。

12. 中国科学院考古研究所：《洛阳中州路（西工段）》，科学出版社，1959年。

13. 山西省考古研究所侯马工作站：《晋都新田》，山西人民出版社，1996年。

14. 河北省文物研究所：《战国中山国灵寿城——1975-1993年考古发掘报告》，文物出版社，2005年。

15. 湖北省文物考古研究所等：《襄阳王坡东周秦汉墓》，科学出版社，2005年。

16. 河南省文物考古研究所等：《淅川下寺春秋楚墓》，文物出版社，1991年。

17. 湖南省博物馆、湖南省文物考古研究所等：《长沙楚墓》，文物出版社，2000年。

18. 南京博物院、江苏省考古所等：《鸿山越墓发掘报告》，文物出版社，2007年。

19. 浙江省文物考古研究所：《浙江越墓》，科学出版社，2009年。

20. 陕西省考古研究所、秦始皇陵兵马俑博物馆：《秦始皇帝陵园考古报告（1999年）》，科学出版社，2000年。

21. 陕西省考古研究院、秦始皇陵兵马俑博物馆：《秦始皇帝陵园考古报告2001—2003》，文物出版社，2007年。

22. 中国社会科学院考古研究所、河北省文物管理处：《满城汉墓发掘报告》，文物出版社，1980年。

23. 陕西省考古研究所：《陇县店子秦墓》，三秦出版社，1998年。

24. 四川省考古研究院、绵阳博物馆：《绵阳双包山汉墓》，文物出版社，2006年。

25. 湖北省荆州博物馆：《荆州高台秦汉墓：宜黄公路荆州段田野考古报告之一》，科学出版社，2000年。

26. 吕大临、赵久诚：《考古图 续考古图 考古图释文》，中华书局，1987年。

27. 中国青铜器全集编辑委员会：《中国青铜器全集1~16》，文物出版社，1996-1998年。

28. 曹玮：《周原出土青铜器》（全10卷），四川出版集团、巴蜀书社，2005年。

29. 中国科学院考古研究所：《美帝国主义劫掠的我国殷周铜器集录》，科学出版社，1962年。

30. 陈佩芬：《夏商周青铜器研究》，上海古籍出版社，2004年。

31. 李建伟、刘瑞红：《中国青铜器图录》，中国商业出版社，2000年。

32. 故宫博物院：《故宫青铜器》，紫禁城出版社，1999年。

33. 湖北省文物考古研究所：《曾国青铜器》，文物出版社，2007年。

34. 河北省文物管理处：《河北出土文物.战国时期中山国青铜器》，河北人民出版社，1979年。

35. 陈佩芬：《上海博物馆藏青铜镜》，上海书画出版社，1987年。

36. 余继明：《中国铜镜图录》，浙江大学出版社，2000年。

37. 李飞：《中国古代青铜器纹饰图典》，浙江古籍出版社，2008年。

38. 李西、征宇：《古器造型与纹饰》，漓江出版社，1999年。

39. 刘伟、段国强：《国宝·陶器》，山东美术出版社，2012年。

40. 中国社会科学院考古研究所：《张家坡西周玉器》，文物出版社，2007年。

41. 中国社会科学院考古研究所：《殷墟玉器》，文物出版社，1982年。

42. 常素霞：《中国古代玉器图谱》，金城出版社，2013年。

43. 高至喜：《楚文物图典》，湖北教育出版社，2000年。

44. 陈根远：《瓦当留真》，辽宁画报出版社，2002年。

45. 段勇：《商周青铜器幻想动物纹研究》，上海古籍出版社，2012年。

46. [美国] 杨晓能：《另一种古史：青铜器纹饰、图形文字与图像铭文的解读》，三联书店（北京），2008年。

47. [日本] 林巳奈夫：《神与兽的纹样学——中国古代诸神》，三联书店（北京），2009年。

48. 马承源：《中国古代青铜器》（修订本），上海古籍出版社，2003年。

49. 管维良：《巴蜀符号》，重庆出版集团、重庆出版社，2011年。

50. 王大有、王双有：《图说太极宇宙》，人民美术出版社，1998年。

51. 广州南越王墓博物馆等：《南越王墓玉器》，两木出版社，1991年。

52. 徐锡台、楼宇栋、魏效祖：《周秦汉瓦当》，文物出版社，1988年。

53. 吴曾德：《汉代画像石》，文物出版社，1984年。

54. 蒋英炬、杨爱国：《汉代画像石与画像砖》，文物出版社，2001年。

55. 陈振裕：《战国秦汉漆器群研究》，文物出版社，2007年。

56. 山西省考古研究所、北京大学考古学系：《天马-曲村遗址北赵晋侯墓地第四次发掘》，《文物》1994年第8期。

57. 浙江省文物考古研究所、长兴县博物馆：《浙江长兴鼻子山越国贵族墓》，《文物》2007年第1期。

58. 陈公柔、张长寿：《殷周青铜容器上兽面纹的断代研究》，《考古学报》1990年第2期。

59. 陈公柔、张长寿：《殷周青铜容器上鸟纹的断代研究》，《考古学报》1984年第3期。

60. 俞伟超、高明：《周代用鼎制度研究》，《北京大学学报（哲学社会科学版）》1978年第1-2期、1979年第1期。

61. 彭裕商：《西周青铜器窃曲纹研究》，《考古学报》2002年第4期。

62. 施劲松：《三星堆器物坑的再审视》，《考古学报》2004年第2期。

63. 梁彦民：《殷周青铜器双身龙纹及相关问题》，《考古与文物》2006 年第 6 期。

64. 杨建芳：《云雷纹的起源、演变与传播——兼论中国古代南方的蛇崇拜》，《文物》2012 年第 3 期。

65. 傅举有：《论秦汉时期的博具、博戏兼及博局纹镜》，《考古学报》1986 年第 1 期。

66. 雷从云：《楚式镜的类型与分期》，《江汉考古》1982 年第 2 期。

67. 王煜：《四川汉墓出土"西王母与杂技"摇钱树枝叶试探——兼论摇钱树的整体意义》，《考古》2013 年第 11 期。

68. 杨玉彬等：《巢湖汉墓出土的两件玉卮》，《收藏界》2010 年第 3 期。

69. 倪玉湛：《夏商周青铜器艺术的发展源流》，苏州大学博士学位论文，2011 年。

70. 岳洪彬：《殷墟青铜礼器研究》，中国社会科学院研究生院博士学位论文，2001 年。

71. 曾曦：《法象明器 占施知来——先秦鼎文化考论》，武汉理工大学博士学位论文，2010 年。

72. 毕经纬：《海岱地区商周青铜器研究》，陕西师范大学博士学位论文，2013 年。

73. 申云艳：《中国古代瓦当研究》，中国社会科学院研究生院博士学位论文，2002 年。

74. 过文英：《论汉墓绘画中的伏羲女娲神话》，浙江大学博士学位论文，2007 年。

75. 故宫博物院网站．数字资料馆，http：//www.dpm.org.cn/。

76. 国家博物馆网站．藏品欣赏，http：//www.chnmuseum.cn/。

77. 四川博物院网站，http：//www.scmuseum.cn/。

78. 重庆中国三峡博物馆．数字博物馆，http：//www.3gmuseum.cn/。

后　记

《中国远古纹饰初读》与《中国上古纹饰初读》是《中国远古纹饰探秘》与《中国上古纹饰探秘》的精简和压缩版，都是因为完成重庆市科技攻关计划（科普类）重点项目"中国古代纹饰中学生普及读物研究"而作。本《初读》篇幅约是《探秘》的1/3，从内容和学术性上都做了简化。

以个人的理解，对中国古代纹饰的一般性了解应该是《探秘》的样子，但是考虑到大多数中学生的接受能力和实际需求，在征求各方面意见的基础上，将《探秘》精简和压缩成了目前的《初读》。希望以后有机会出版《探秘》版本。

远古部分与上古部分是互相衔接的，个人认为远古纹饰与上古纹饰同样精彩，各有不同的神妙、奇异之处，但其内在逻辑和思维方式一以贯之，其表情达意的严谨、严密是一致的。所以远古与上古结合起来读，对中国古代纹饰的认识和理解无疑会更加深入，会体验到更多的奥妙和趣味——这也是阅读中国古代纹饰的特点，了解越多越是熟悉，你越是能够感觉和体验到它们的高妙！

书稿中保留了一定的专业术语和学术背景介绍，是因为觉得即使是中学生读者，读过本书后也可以与各个相关学科（如考古学、易学、古代天文历法、科技史、思想史、文化史等等）的学习直接衔接。除了满足好奇、有点探秘性质，还希望为各个相关学科涵养和储备新生力量，这是写作本书的主观想法。

因为篇幅所限，书中涉及的图案、纹饰也没有完全释读，读者可以继续发挥。当然，相对于浩如烟海的中国古代纹饰，两本小书所能够介绍的也只能是其中很小部分，多带有举例性质，无论中学生还是各专业领域的学者，继续发展和发挥的空间都十分广阔！

本书能够在当前面世，必须要感谢重庆市科委和作者所在单位。如果没有科委的科普项目计划及立项支持，没有作者单位对本人的支持，这种书或许会等我退休后才能来做，就像我10多年前已经完成的那些研究一样，迄今仍然没法与读者见面。创新或许不难，难的是创新要活下来并正常成长，很多时候需要碰运气！

中国社会科学院考古研究所前所长刘庆柱先生最近几年花了不少时间阅读我的文字，他对本书的审读仍然认真、细致，这是让我颇感意外的。应该说，他对本书以及作者相关研究的充分肯定，已经开启了古代文化、考古学和史前研究新的旅程。他是一位令人尊敬的学人，他的谦和、严谨、认真、正直，都令人印象深刻，这不仅仅是作者个人的幸运。

本书的科学顾问、为本书推荐和作序的几位专家都是各自领域里有成就有影响力的专家，他们的存在和推荐、对本书价值的发掘和引领，使本书有"蓬荜生辉"的效应，我想对读者也是有益的。

学苑出版社及其编辑任彦霞女士以服务学术和社会的心胸、从长远出发接受本书的出版，值得点赞。

牡丹江师范学院杜品老师参与了本书资料搜集工作，重庆文理学院杨乾隆同学协助了本书图片处理工作，在此致谢。

我的朋友、美国阿拉斯加大学研究员曲枫博士帮助查阅、了解了国外关于古代纹饰的科研和科普情况，在此致谢。

将古代纹饰纳入科普范畴，本书只是一个尝试，期待读者真实的意见反馈，以便继续修订完善。

作者

2015-10-19

于重庆文理学院格致楼